成人之道：仪式中的个体与社会

万华颖◎著

江西人民出版社
Jiangxi People's Publishing House
全国百佳出版社

图书在版编目（CIP）数据

成人之道：仪式中的个体与社会 / 万华颖著. --
南昌：江西人民出版社，2021.12
ISBN 978-7-210-12808-3

Ⅰ. ①成… Ⅱ. ①万… Ⅲ. ①社会交往—儿童教育
Ⅳ. ① G611

中国版本图书馆 CIP 数据核字 (2021) 第 267395 号

成人之道：仪式中的个体与社会　　万华颖　著
CHENGREN ZHI DAO：YISHI ZHONG DE GETI YU SHEHUI

责 任 编 辑：李鉴和
装 帧 设 计：上尚
出 版 发 行：江西人民出版社
地　　　址：江西省南昌市三经路 47 号附 1 号（330006）
网　　　址：www.jxpph.com
电 子 信 箱：jxpph@tom.com
编辑部电话：0791-86892125
发行部电话：0791-86898893
承　印　厂：北京虎彩文化传播有限公司
经　　　销：各地新华书店

开　　　本：720 毫米 ×1000 毫米　1/16
印　　　张：14.5
字　　　数：200 千字
版　　　次：2021 年 12 月第 1 版
印　　　次：2021 年 12 月第 1 次印刷
书　　　号：ISBN 978-7-210-12808-3
定　　　价：58.00 元
赣版权登字—01—2021—834

摘 要

儿童在成长过程中会体验多种类型的学校仪式，如升旗仪式、开学典礼、毕业典礼等。然而，仪式中的儿童被置于固定的角色位置，在角色扮演的过程中逐渐丧失自身主体性，沦为社会学意义上的符号概念。目前学者对学校仪式的研究主要集中于制度化的仪式类型，强调仪式对行动主体的决定与制约作用，忽视了仪式中个体的主体性与能动性。这种结构化、制度化的仪式研究对个体的呈现存在缺陷，它只看到仪式的结构性、规范性，未将儿童主体的行动实践与情感体验纳入研究范畴。与之相对，非制度化仪式作为一种脱离制度、规范的仪式类型，能够为主体呈现提供平台和可能性。那么，在学校空间中，是否存在非制度化的仪式类型？作为个体的儿童能否得以呈现，如果得以呈现又将以何种方式？本书以 C 校的仪式作为切入点，通过经验叙述、参与观察，探究制度化与非制度化仪式中儿童的行动策略、情感体验，探究儿童主体呈现的可能及不同仪式类型在儿童成长过程中的功能差异，以此理解儿童世界中个体与社会的关系。

以学校为主体的制度化仪式具有规范性，主要是按照制度化组织的固定程序展开，它对塑造儿童的社会性具有重要作用。纪念仪式中国家权力不在场的“在场”，捐助仪式中社会组织的爱心从“礼物”转变为“礼”，学校作为主导者参与其中，儿童只能被迫接受学校的制度和规范，儿童的个体行为受到规限，个体情感受到压抑。为了突出集体的价值，个体的“我”与个体的真实感受都被淹没在集体之中。

以儿童为主体的非制度仪式，既包括具有周期性的反结构仪式，也包括具有日常性的日常仪式。在周期性的反结构仪式中，儿童作为主导者和推动者，能够自主设计甚至创造自己喜欢的仪式活动，个体能动性与个体情感在实践和行动中得以呈现，这是对日常结构的反思和颠覆，但不具备持续性，是制度化学校生活中的例外。然而，对日常仪式的关注则颠覆了传统仪式对儿童强制性、规范性影响的预设，儿童不再是等待被改造和教化的对象，而是积极参与文化创造与社会改造的行动者。个体化的日常仪式不仅关注儿童内心的情感体验，对个体构建稳定的内在秩序也有着极为重要的影响；儿童的团体日常仪式让个体走出自我，在朋辈群体的交往中发展人际性自我。在日常仪式中，儿童个体既与外在世界发生关联，也与内心世界建立联系，主动地从自我走向他人，他们在凸显主体性和能动性的同时，逐步实现自己的成人过程。

从仪式时间、空间、情感和功能的角度来看，制度化仪式与非制度化仪式间存在差异，但两者并非对立关系。在制度化仪式中，担任主角的是学校，体现出对儿童的规范性与制约性；在非制度化仪式中，由儿童自己担任主角，体现出儿童的主体性和能动性。制度化仪式的秩序和规范渗透进非制度化仪式的运行过程中，非制度化仪式的功能也对制度化仪式的功能进行补充。非制度化仪式在带给儿童个体内心秩序稳定的同时，也有助于制度化仪式维持学校秩序，两者相辅相成，共同建构着儿童的道德世界。

“成人”是一个动态的理念，既包括纵向内在主体性的深化过程，也包括横向外在人际关系的扩展过程。学校教育作为儿童成人过程中的重要环节，不仅要在制度化仪式中关注儿童的主体性，也要为儿童创设非制度化仪式提供时空条件，将仪式作为儿童成长、发展完善、自我实现的路径之一，使儿童逐渐从生物学意义上的个体转化为具有道德人格的个体，在自我深化与人际扩展的融合发展过程中不断“成人”。

关键词：制度化仪式；非制度化仪式；自我内省；人际性自我；成人

ABSTRACT

Children have experienced tremendous kinds of ritual activities during their childhood. For example, flag-raising ceremony, school opening ceremony, graduation ceremony and so on. Being required to play in a fixed role, children gradually lose their own subjectivity in the process of role playing and become symbolic concepts in the sense of sociology.Nowadays, researchers in this area mainly focus on institutionalized ritual types and the ritual restrictions on children,which have ignored the subjective and initiative of individuals. Obviously, the structured and institutionalized ritual study has defects in presenting individual. It only concerns about the structuralization and normalization of ritual,and does not incorporate children's action practice and emotional experience into research category. In contrast, the non-institutionalized ritual is a kind of ritual which is divorced from system and standard. It can provide a platform for the main body.So,are there any non-institutionalized ritual types in school? As individuals, have children been involved in any non-institutionalized rituals at school?And how?Therefore,through experiential narration and participant observation, this study focuses on a primary school called C to explore children's behavior strategies and emotional experience in institutionalized and non-institutionalized rituals.And this study explores the ways of children's subjective presentation and the functional differences between different ritual types in children's growth process,so as to understand the relationship between individual and society in children's world.

The institutionalized ritual, which takes the school as the main body, is normalization and is carried out in accordance with the fixed procedures of the institutionalized organization. It plays an important role in shaping the sociality of children. The state power presented in the form of absence in the memorial ritual,the love of the social organization changed from gift to ritual in the donation ceremony.In these two institutionalized rituals, the school is the leading participant, but the children can only be forced to accept the regulations and norms of the school,and their individual behaviors are restricted and their individual emotions are depressed. In order to highlight the collective value,the individuals and their real feelings are drowned in the collective.

The non-institutionalized ritual, which takes the children as the main body,including both periodic anti-structural rituals and daily rituals.In the periodic anti-structural ritual, as leaders and promoters,children can independently design and even create their favorite ritual activities, which present their subjective initiative and personal emotions.It is an exception of institutionalized school life, a reflection and subversion of routine structure, without continuity unfortunately.However,when the attention turn to daily rituals,which subvert the presupposition that traditional ritual has mandatory and normative influence on children.Children are no longer waiting to be reformed or educated, but acting actively in cultural creation and social transformation. Individual daily rituals not only concern children's inner emotional experience, but also have a very important impact on building stable internal order. The daily rituals of group help children to develop their interpersonal self during peer-interaction.Children are not only related to the external world, but also to the inner world in daily rituals,and they gradually realize their growth process.

From multiple aspects,like time, space, emotion and function of rituals, there are differences between institutionalized rituals and non-institutionalized rituals. However, they are not in an opposite relation. In the institutionalized ritual, the school is the leading character, which regulates and restricts children's behaviors.In the non-institutionalized ritual, children are the protagonists, which presents their individual subjective activity and initiative activity.The orders and norms of the institutionalized rituals will permeate through the operation process of the non-institutionalized rituals, and the function of the non-institutionalized rituals will complement the function of the institutionalized rituals. The non-institutionalized rituals can not only stabilize the inner order of the children's individual, but also help the institutionalized rituals to maintain the order of the school. Both of them complement each other and jointly construct the moral world of children.

Grown-up is a dynamic conception, which includes the longitudinal deepen process of inner subjectivity and the expansion process of external interpersonal relationship. As an indispensable part in the process of children's growing up,school education should not only pay attention to the subjectivity of children in the institutionalized rituals,but also provide time and space conditions for the creation of non-institutionalized rituals.School should take the ritual as one of the path of children's growth,development and self realization,which helps children develop from a biological individual to the individual with good moral personality. Finally,children can be grown-up in the process of self deepening and interpersonal expansion.

KEY WORDS: Institutionalized ritual; Non-institutionalized ritual; Self-retrospection; Interpersonal self; Grown-up

目录

contents

绪论

第一节 问题的提出

一、个人经历是研究的触发点

农历丁酉年戊申月甲午日（2017年9月4日）上午九点，南昌XQ小学部举行新生开学典礼。大厅内十二张学案上摆放着文房四宝，老师、孩子们身着汉服，头戴礼帽。校长上香祭拜先师孔子，后诵读《告夫子》，祭祀万世先师之德，继承克己复礼之志，弘扬教书育人之道。“童蒙之学，始于衣冠；先正衣冠，后明事理”，在礼乐声中学生开始“正衣冠”。在班主任的引导下，一年级的孩子们跨过大厅入口的红色门槛，古代称之为“入泮池”，象征着儿童从幼儿阶段开始进入小学阶段。而后，师生们齐向至圣先师孔子行三跪九叩礼。接着，学生拜老师、敬茶，以示尊师重道。在老师讲授人生的基本道理后，还举行了以下仪式：朱砂开智（在孩子眉心点红痣寓意开启智慧）、行净手礼（寓意静心以达专心学习）、击鼓明智（通过鼓声以表志向高远之意）、启蒙描红（用毛笔描“人”字寓意学会做人）、师生齐诵《少年中国说》。礼成。

以上是对南昌 XQ 小学开学典礼流程的简单描述。在特殊的情境下，学生通过亲身体验、感悟这种隆重且繁复的仪式，能够使他们意识到自己的学习生活和智慧人生将由此开启，无限广阔和有意义的生活也将由此展开。回想自己小学时的开学典礼：升国旗、奏国歌，校长致词，颁发优秀学生奖品，学生代表讲话，退场。相同的仪式类型，不同的仪式形式，激发出内心不同的情感，这引起了我的思考：为什么需要仪式？不同的仪式在人的一生中有何种意义？学校仪式又在我们人生中扮演着怎样的角色？

“礼”是中国传统文化的核心，作为礼仪之邦的中国有着丰富的仪式教育思想与实践，自古就有尊师礼、祭先师先圣礼、蒙童礼、成年礼等各种仪式。直至今日，在教育系统内依然存在着类似的仪式活动，学生们通过这些仪式，可以发现自己、联系别人、融入集体、进入社会、关系自然。正如范热内普所指出的，每个人总是共时性或历时性地置于社会的多个群体之中，“从一个年龄到另一个年龄、从一种职业到另一种职业之过渡”①，始终参与各种类型的仪式。回顾自己的成长历程，二十多年的求学生涯，大多数的仪式早已忘却，只对少数仪式活动略有记忆，印象中自己仅仅是以集体“我”的身份站在固定的位置，并按照要求表现出特定的行为方式，作为主体的“我”似乎并不存在。然而，当一定的意义赋予仪式活动时，参与者是可以获得认同和情感体验的。

基于对仪式以及儿童教育的兴趣，我不断地追问：为什么有的仪式可以实现预期目标，有的却让人感到既枯燥又乏味？到底怎样的仪式活动能够真正引起儿童的兴趣呢？当仪式进入教育场域中与学校有机结合时，它具有怎样的意义？学校如何运用“仪式”的手段来实现教育效果？诸如此类的问题激发了我研究的热情。

---

①［法］阿诺尔德·范热内普：《过渡礼仪》，张举文译，商务印书馆 2010 年版，第 3 页。

二、学校制度化仪式之外的思考

国家相关政策文件的内容，进一步让我确信选择“学校仪式”作为研究主题的意义。2001年颁布的《公民道德建设实施纲要》、2004年颁布的《中共中央国务院关于进一步加强和改进未成年人思想道德建设的若干意见》、2006年颁布的《教育部关于大力加强中小学校园文化建设的通知》以及《教育部关于培育和践行社会主义核心价值观进一步加强中小学德育工作的意见》（教基一〔2014〕4号）等，这些文件都明确指出，各中小学“要结合升国旗、入党入团入队等仪式和重大纪念日、民族传统节日等契机，紧密联系学生实际，开展重要的仪式活动，这都是思想道德教育的宝贵资源”。2014年5月30日，习近平总书记走进北京海淀民族小学参加了一年级少先队员的入队仪式，他站在学生的队伍里，与大家一同高唱队歌，并亲自给一名小学生戴上红领巾，鼓励学生们“时刻准备着，将来要接班”。2019年10月27日，中共中央、国务院印发的《新时代公民道德建设实施纲要》中指出，要注重运用仪式礼仪，在全社会广泛开展“同升国旗、同唱国歌”活动，认真组织宪法宣誓仪式、入党入团入队仪式等，通过公开宣誓、重温誓词等形式，强化国家意识和集体观念；要组织重大纪念活动，充分挖掘重大纪念日、重大历史事件蕴含的爱国主义教育资源，组织开展系列庆祝或纪念活动和群众性主题教育，引导人们牢记历史、不忘过去，激发爱国热情、凝聚奋进力量；要发挥传统和现代节日的涵育功能，大力实施中国传统节日振兴工程，开展丰富多彩、积极健康的民俗文化活动，以及各具特色的庆祝活动，激发人们的爱国主义和集体主义精神，引导人们感悟中华文化、增进家国情怀①。由此可见，国家政策

---

①《新时代公民道德建设实施纲要》，人民出版社2019年版。

为学校仪式的举办提供了良好的氛围，发挥着价值引领的作用。

学校教育，承担着培养中国特色社会主义事业建设者和接班人的重要使命。党的十八大以来，以习近平同志为核心的党中央高度重视教育事业，把教育摆在优先发展的战略位置，将公平和质量作为主要追求。习近平总书记强调，“核心价值观的养成绝非一日之功，要坚持由易到难、由近及远，努力把核心价值观的要求变成日常的行为准则，进而形成自觉奉行的信念理念。”虽然仪式发挥作用的过程不是立竿见影的，但它对个体和社会的影响却是全面而长远的。因此，在国家政策的指导下，学校经常会组织形式多样、内容丰富的班会、队会、团会，以及举办不同类型的庆祝活动、纪念仪式等，旨在通过文化的浸润、感染和熏陶，增进未成年人的爱国情感，提高他们的道德素养，以实现入芝兰之室久而自芳的效果。另外，学校还结合各种传统节日、历史人物的诞辰和逝世纪念日、重大历史事件纪念日等，举办庆祝或纪念活动，这也成为学校教育不可缺少的组成部分。这些仪式活动可能会让那些看似普通的事件被赋予特殊的，甚至是无法言说的意义，直至触及人心。不过，当学校将这些仪式教育制度化后，仪式中的儿童不再以个人的身份参与，而是作为大到中华儿女，小到学校、班级整体中的一员出现。学校组织的教育仪式通过制度化规范排斥儿童的主体性，制度化仪式建构了强制而封闭的生活秩序。在这些情境中，儿童体验到的是外在社会对个体的规范，是具有权威性的号令。

然而，仪式作为体验自我、他人和世界的一种重要方式，仅仅依靠单方面的规范与号令是无法达到设想的教化效果。儿童只有将仪式过程转化为内在体验时，仪式才能有外在表现的可能性，也才能使学校的外部世界与儿童自我的内部世界连接起来，产生一定的教育意义。目前，学校主要是通过制度化仪式来形塑个体，在此过程中，儿童被学校和教师的规训逻辑及情境所制约。但是，笔者通过田野调查发现，在制度化学校生活的空隙中，儿童个体试图对制度提出挑战，构建自己的非制度化空间。因此，本书尝试走出制度化的学校场景，走入儿童的日常生活，直接深入到儿童个体内在的意义世界，探索是否存在非制度化的仪式，如果存在，儿童个体又是如何在非制度化仪式中发现自我、突破自我的。

三、问题的聚焦

人类学意义上的“仪式”是一种“生命历程的体验”，对仪式参与者而言，每一次仪式都可能会伴随着自身状态的转变，生命历程就在自身状态的不断转变中完成，这也是个体不断“成人”的过程。“成人”过程体现出一种动态发展的理念，人之为人，要经历生理上、思想上、人格上的成长与成熟，才能不断完善自我、实现自我。在现代教育人类学看来，教育的本质是“成己”“成人”，前者是“自我教育”、是学习；后者是“教育他人”、是教导[①]，即教育的本质就是使自己或他人成为人。

小学是儿童人生中的第一个正式组织，它是为完成特定任务而专门建构的正式群体，具有制度化的组织结构、管理体系和活动章程。对个体来说，学校教育代表着正规组织的经验。虽然儿童在进入小学之前，也会接受家庭和幼儿园的教育，但是家庭因其成员间具有血缘性和亲缘性，使之无法成为一个严肃而正式的教化场所。幼儿园与学制系统的小学不同，它不仅是一个弱制度化、弱学习化的社会组织，也是一个特定的“教养性”组织，呈现出“类家庭”的特征。而小学对规范与制度有着特殊的要求，儿童在日常生活中需要遵循一定的制度、交往伦理和道德规范等等，这些都使之具有区别于家庭的特征。儿童进入小学，才意味着正式进入一个有规则、由专人实施管教的场所。在小学阶段，儿童开始接受正

① 詹栋梁：《教育人类学》，五南图书出版公司 1986 年版，第 14 页。

规的体制教育，这是他们从家庭情感成员迈入社会个体的第一步，也是一个人夯实人生历程的基础阶段。因此，本研究进一步将研究对象锁定在小学阶段的儿童。

现代教育提倡人的全面发展，因为“人是由自然生命、社会生命、道德生命构成的具体而完整的生命存在”[①]，所以我们不仅要关注儿童的身体成长，更要关注的是儿童在不同时期的生命成长。学校教育作为重要的教育手段之一，是儿童“成人”的重要途径。不过，仅仅依靠学校教授传统的课堂知识以及教师个人的话语传授远远不够，仪式教育已然成为个人修身过程中的一种重要方式。然而，由于学校仪式被看作学校教育自然而然的一部分，局内人对学校仪式并不容易进行察觉和反思。但是，这丝毫不影响仪式教育的重要性，它能够赋予儿童所经历的普通的、简单的事件以特殊含义，唤醒他们的生命意识，让他们收获对生命的感悟。2011 年，《中国青年报》对 2440 人做了一项关于“中国人仪式感”的调查。数据显示，79.8%的受访者认为生活中的仪式感对孩子的成长重要，22.9%的受访者认为非常重要，仅 13.4%的受访者认为不重要[②]。这也充分证明了仪式教育对儿童生命成长的重要性。因此，仪式教育作为一种人性教育、一种特殊的育人方式、一种生命历程的体验，我们必须重视，予以重点关注、重点研究。

儿童的发展离不开教育，也离不开教育中的仪式。学校仪式出现在学校场域，它是学校生活的重要补充和组成部分，不仅存储着外显的知识经验和语言符号，还传递着内在的价值规范与思维方式。随着儿童个体情绪情感的不断丰富，本研究希望从个体的情感体验和生命成长的角度出发，

① 冯建军：《生命教育论纲》，《湖南师范大学教育科学学报》2004 年第 5 期，第 5—12 页。
② 张力友：《79.8% 受访者认为生活中仪式感重要》，《中国青年报》2016 年 12 月 13 日。

看到教育生活中的“具体人”，关注到儿童主体及其内心世界，思考清楚仪式的意义究竟是什么，让仪式能够充分发挥其功能，而不仅仅只是形式、规范和制度而已。因此，学校生活中儿童的主体性在制度化仪式与非制度化仪式中是否得以呈现？何以呈现？不同仪式类型在儿童“成人”过程中的作用如何？这些将成为本书的焦点。

第二节　研究现状

一、人类学话语中的仪式研究

（一）从传统仪式到现代仪式

“仪式”作为研究术语兴起于19世纪，其学术研究始于人类学领域（彭兆荣，2002）。仪式一直被人类学家当作分析人类在具体的生命历程中情绪、情感及经验意义的工具，成为他们阅读和诠释社会的一种不可多得的“文本”（马尔库斯、费彻尔，1998：92）[①]。中国一直都保有仪式教育传统，尤其体现在儒家非常重视“礼”的价值，礼限定着人的存在方式和存在性质，是为人的本质，同时又是一种道德修养的途径。然而，“仪式”和中国语境中的“礼仪”存在差异。“‘仪’，度也，从人，义声”（《说文解字》），“仪”既可以作为个人的一种容止，又可以作为国家的法制[②]。而“礼仪”则既包括有形的礼仪行为或活动，同时也包括无形的观念形态和社会价值体系，具体的表现形式是人际关系中的伦理道德，它是连接社会内部关系的一条重要纽带。从这个角度来说，若是将社会性的“礼仪”划

① 彭兆荣：《人类学仪式的理论与实践》，民族出版社2007年版，第2页。

② “仪”的两种解释：仪节、仪式，又指法度、准则。

入到“仪式”的范畴，有所不妥。为了更加明确仪式的定义，有必要引入“礼”的概念。

在西周时期，“礼”与“仪”的概念是统一的，它们共同作为一种社会运行准则而存在；春秋之后，“礼”与“仪”这两个概念开始分离，“礼”是精神实质，“仪”主要是指“仪式”，侧重于行为规范，即形式性的内容。“仪式”和“礼”往往纠结在一起，成为“礼仪”。但是，这并不意味着“礼”等同于“仪式”。对“礼”的解读可以从两个层面展开：第一，“礼”作为我国古代社会伦理、政治规范和礼仪的总和而存在，形成了一个“以礼治为核心，由礼仪、礼制、礼器、礼乐、礼教、礼学等诸方面的内容融汇而成的一个文化丛体”①，社会学家李安宅也提出“中国的‘礼’字，包括民风、民仪、制度、仪式和政令等等”②；第二，“礼”起源于先民的仪式活动，“礼（禮），履也，所以事神致福也”（《说文解字》），“礼的起源很早，远在氏族社会中，人们已习惯于把重要行动加上特殊的礼仪。原始人常以具有象征意义的物品，连同一系列的象征性动作，构成种种仪式，用来表达自己的感情和愿望”③。随着历史的发展，“礼”具有了更为深刻而广泛的内涵，从最初祭神求福的宗教行为，发展为国家的规章典制和维护社会秩序的法则，是一系列庄严隆重的典礼仪式，也是人与人之间的行为关系准则和道德要求。在经典的礼学研究著作《周礼》《仪礼》《礼记》中，不仅介绍了各种仪式程序，也阐释了其蕴含的礼义。当然，“礼”往往需要通过“仪式”来体现，无论作为名词形态还是动词形态的“礼”，其本身都是一种仪式，仪式是礼不可或缺的载体。因此，我们可以

① 杨志刚：《中国礼仪制度研究》，华东师范大学出版社 2001 年版，第 21 页。
② 李安宅：《〈仪礼〉与〈礼记〉之社会学的研究》，上海人民出版社 2005 年版。
③ 杨志刚：《中国礼仪制度研究》，华东师范大学出版社 2001 年版，第 21 页。

看到“礼”“礼仪”和“仪式”之间构成了一个层次关系，“礼”包含“礼仪”和“仪式”，“仪式”是“礼”的制度化和技术化的形式，故而不可将“仪式”与礼节、礼仪等概念画等号。

目前人类学意义上的“仪式”不仅被用来表示试图与超自然接触的人的行为，而且还表示世俗社会中群体或个人用来表达意义的行为模式（扬·普拉特弗特，2006）[①]。它是一个在特定场合中包含形体、语言、器物等展演的连续性活动，以此能够达到行为者在仪式中设计的某种超自然的影响和目标[②]。广义的仪式，近似于社会性的泛泛礼仪，包括人际交往的规范与行为，从“你好”等日常问候的礼仪到天主教弥撒的隆重仪式（彭兆荣，2007）；从狭义角度来讲，仪式仅仅包括与宗教相关的祭祀活动和礼拜仪式等，最早人类学关于仪式的研究也大多数只与宗教信仰相关。在现代社会中，学者们慢慢开始关注世俗的仪式，使用“仪式”一词时也逐渐远离了对神圣体验的理解。同时，关于仪式的研究范围也在不断扩大，研究视角也更加多元化，比如有学者将仪式分析运用于足球比赛中；有教育人类学研究者开始研究学校空间中的仪式等。面对有人提出“仪式不仅是标准化的、重复的，而且还是毫无意义的”质疑，学者们不得不反复强调仪式的重要特性，即“仪式是一种裹缠在象征之网中的行为”。也就是说，任何缺乏象征化的规则性、重复性的行动都不是仪式，而只是习惯或风俗等。

在我们的日常生活中存在着大量具有象征性、表现性的程序化行为，这些都被研究者纳入仪式研究的范畴中。罗红光区分了仪式与仪礼的概念，认为“仪礼是一套程序相对稳定且不断重复出现的行为方式和规矩，

---

① 王霄冰编：《仪式与信仰：当代文化人类学新视野》，民族出版社2008年版，第47页。
② 彭兆荣：《人类学仪式的理论与实践》，民族出版社2007年版，第1页。

其中伴随着人及其信念，比较重视参与其中人的表达”[①]。本研究主要借鉴他对“仪式”的界定，即“仪式更接近静态的结构和仪礼的技术层面表达，是被格式化了的一套程序，更注重结构性表达”，即它是一般意义的、被格式化或结构化的表达[②]。不过，本书并不以研究仪式的程序为目的，而是分析这些结构化表达对人的影响。

（二）仪式的社会功能研究

人类学家拉德克利夫－布朗（A.R.Radcliffe Brown）承认早在两千多年前中国思想家已经开始将仪式作为符号来进行研究，以揭示其社会功能。人类本性最根本的是善和道义，而仪式对形成道德必不可少，孔子及其追随者强调，“礼是建立和维持社会秩序的手段，仪式使得那些符合社会规范的感情条理化，它可以用来调节和净化人们的感情”[③]。布朗也十分重视仪式的社会性功能，通过分析社会的结构机能，最终提出在建立和维护社会结构的正常秩序方面，仪式起着重要作用。一方面，仪式规范地表达了人的情感和情绪；另一方面，维持社会秩序有赖于这些情感的存在。古代的“五礼”“八礼”“九礼”[④]，它们都反映了人与天、地、鬼神之间的关系，但更为实际的功能在于它们调整着人际关系、规范着人们的行为，从而维持着社会秩序。

为了论证关于仪式社会功能的理论，拉德克利夫－布朗在《原始社会

---

① 罗红光：《人类学》，中国社会科学出版社2014年版，第261页。

② 罗红光：《人类学》，中国社会科学出版社2014年版，第260页。

③ 薛艺兵：《对仪式现象的人类学解释（下）》，《广西民族研究》2003年第3期，第45页。

④ 五礼包括吉礼、凶礼、宾礼、军礼、嘉礼；《仪礼》《礼记》从教化礼仪的角度介绍了八礼，即冠、昏、丧、祭、朝、聘、乡、射；在《大戴礼记》中提出九礼，即“冠、婚、丧、祭、朝、聘、乡饮酒、宾主、军旅”。

结构与功能》中大量引述了孔子、荀子等中国传统文化代表人物的思想，并采用中国先秦典籍《礼记》中的话语来概括自己的主要观点。“礼仪是联结众生的纽带，无此纽带，众生便会陷入混乱。”[①] 儒家思想认为，一方面，礼能够起到统一和完善个体情感的功能；另一方面，通过仪式个体的情感和情绪才能得以规范地表达出来。布朗认为以上理论不仅可以用来解释中国古代社会的情况，而且也适用于其他的人类社会。总而言之，不管是基于社会和谐论立场的孔子，还是基于结构功能主义立场的布朗，两者在强调仪式功能的时候，都最终将其归结为维持社会秩序稳定的主题上[②]。

马克斯·格鲁克曼（Max Gluckman）深受结构－功能主义的影响，通过对祖鲁人农业祭祀仪式的调查，把仪式作为冲突/整合的社会结构和操控机制。他拓宽“仪式”的概念，跳出严格的宗教范畴，认为“仪式”主要是指系列的规范化社会关系及其活动。同时，他还提出“仪式化”的概念，意指仪式中个体角色之于社会活动中的社会地位。涂尔干和布朗都强调仪式的社会凝聚作用，格鲁克曼则根据自己的研究分析对此观点提出质疑，他认为社会是在不断冲突之中达到团结的，仪式一方面为了表达社会中个体的团结而以象征性的表演形式来强调统一，另一方面则通过夸大社会规则之间的矛盾来强调冲突。这是对个人团结的强调，同时也是对社会上的个人主义的肯定。

仪式建构了一种结构性的空间，在这种结构性的空间里，可以界定人们在社会生活中的角色定位及相关性。但是，如果仅对仪式做结构分析，我们就只能看到仪式对行动主体的制约和决定作用，而忽视行动者社会实

① ［英］A.R. 拉德克利夫－布朗：《原始社会的结构与功能》，潘蛟等译，中央民族大学出版社 1999 年版，第 177 页。

② 薛艺兵：《对仪式现象的人类学解释（下）》，《广西民族研究》2003 年第 3 期，第 47 页。

践的主体性和能动性，从而将社会事实、文化事实都看作是静止的、结构性的存在。因此，结构主义对主体的忽略，也成为"后结构主义"出现的前提。但仪式并非静态的存在，它是一个动态的过程，所有仪式的顺利完成都离不开仪式参与者的个体行动与个体智慧。然而，仪式的结构性不容置疑，在仪式建构的结构性空间中，个体确实是被制度化的、结构化的，那么在仪式中个体智慧如何体现，"个体何以可能"?

（三）仪式对个体的关注

有关仪式对个体关注的研究，其理论基础可以追溯到涂尔干（Emile Durkheim）关于宗教和宗教仪式的研究。他认为通过仪式的效力，个体可以在神圣/凡俗世界间进行相互转换，他们充分释放自己的热情，产生激动和兴奋的状态，感受与平时不同的心情、情绪，减轻内心的恐惧与焦虑，同时产生对群体的认知①。仪式活动与偶发的群体活动有所不同，其程序化和规范化的特性，能让群体情感上升到理性可控制的范围，这也是仪式能够产生社会力量的重要原因②。虽然涂尔干开始关注个体在仪式中的情感、体验及仪式对个体行为的影响，但他更强调的是通过仪式手段使个体产生对集体的归附感，以及定期举行仪式对社会力和道德力的生产和再生产。

关于仪式对个体的重要性，心理学和社会心理学有着诸多此方面的研究。弗洛伊德（Sigmund Freud）曾提出，当个体因为各种欲望而产生情绪压抑的情况时，仪式能够起到积极的作用。埃里克森（Erik Homburger

---

①［法］爱弥尔·涂尔干:《宗教生活的基本形式》，渠东、汲喆译，商务印书馆2011年版。

② 薛亚利:《价值的？工具的？——仪式的意义指向》，《民俗研究》2011年第3期。

Erikson）根据人类成长过程的特征，将其分为八个阶段，对行为主体来说，每一阶段的过渡期都容易让人产生心理或行为上的茫然与危机，此时与各阶段相适应的仪式则成为帮助人们过渡和摆脱危机的有效手段。埃里克森的理论将大型的、公共的仪式与个人日常仪式化行为联系起来，他认为每一过渡期的危机在激活重大集体仪式的同时，也使得一些日常生活中的仪式化行为得以激活，例如成人礼虽然是个人获得新身份的重要仪式，却需要通过女性日常生活中梳妆的仪式行为来强化此变化（Erikson，1977）。埃里克森不仅关注到了制度化仪式，同时也对个体的日常仪式有所重视和研究，这为本研究提供了理论依据和参考思路。

在人类学界，范热内普（Van Gennep）对那些因地点、状态、年龄、社会地位等情况发生变化而实施的仪式进行了系统的分析，首次提出了"过渡仪式"（rites of passage）的概念。当人们在各阶段将要被赋予新的身份时，相关的仪式也会与之相随，诸如毕业典礼、成人礼、婚礼等，这些仪式在个人成长过程中具有重要作用[①]。同时，他将过渡仪式分为三个阶段：分离阶段（即个人或团体离开原来的状态与地位）、边际交融和过渡阶段（即个人或团体处于向新的状态与地位转变的过渡）、整合阶段（即个人或团体通过仪式的举行再次处于稳定的状态与地位之中）。特纳从中发现了仪式的"反结构"特征，一定程度上促进了人们对日常生活的反思。同时，他将人的生理特征和生命阶段的社会化通过仪式展演聚合到了一起，个体生命的动态阶段在此得以凸显。

英国人类学家特纳（Victor Turner）发展了范热内普的理论，通过"结构 1（日常社会）—反结构（仪式行为）—结构 2（日常社会）"的过程模式，展示了仪式在社会冲突中的平衡作用，"弱者的权力"得以在阈

---

①［法］阿诺尔德·范热内普：《过渡礼仪》，张举文译，商务印书馆 2010 年版。

限阶段中呈现出来。同时，他提出在每个人的生命经历中都包含着对结构和交融及状况和转换的交替性体验，通过对传统仪式动态变化的研究，他开始关注仪式实践中个人的创造性和自由表演的作用。也就是说，特纳已经开始注意到了行动者，并指出过度关注仪式结构的研究者会更倾向于仪式理念极的意义，而忽略仪式感觉极的意义。特纳提出不仅要重视仪式的结构，同时还要注重仪式中个体的主体性和能动性，以及不同仪式场景里个体鲜活的情感体验。尤其是要关注仪式的最终功能实质是推动生命、社会身份、精神状态的“过程、生成、转化”[①]。因此，在对仪式过程的研究中，特纳将个体的能动性纳入研究范畴，仪式的参与者经过“阈限”阶段，身份会发生转变，仪式前后的社会结构也有可能发生某种变化。

欧文·戈夫曼（Erving Goffman）从微观互动的角度，强调仪式是一种相互专注的情感和关注机制。美国著名社会学家兰德尔·柯林斯（Randall Collins）发展了戈夫曼的仪式概念，总结归纳了“互动仪式理论”（Interaction ritual theory）。他着重提出互动仪式是“际遇者由资本和情感的交换而进行的日常程序化活动”。从这里可以看出，柯林斯是以情境作为出发点来说明个体，而不是以个体作为出发点，主要关注的是情感和情感能量[②]。在学校的情境中，很多仪式都是属于互动式的，在此过程中儿童个体之间、个体与老师之间会发生符号互动和情感交换。互动仪式理论不仅是一种社会静力学的理论，也是一种社会动力学的理论。特别是，柯林斯提出了该理论内含的核心机制，即高度的互为主体性与高度的

---

① 曾令健：《纠纷解决仪式的象征之维——评维克多·特纳的〈象征之林〉》，《社会学研究》2008 年第 4 期，第 215—226 页。

② [美] 兰德尔·柯林斯：《互动仪式链》，商务印书馆 2009 年版，第 1 页。

情感连带相结合，从而形成了与认知符号关联的成员身份感，也为每个参加者带来了情感能量，使他们感到有信心、热情和愿望去做他们认为道德上容许的事情[①]。表现在不同的仪式类型中，参与主体因个体差异会获取不同程度的情感能量，这也就决定了其是否继续参与同一仪式，或以何种程度参与该仪式。

当后现代主义的观点进入仪式研究领域，凯瑟琳·贝尔（Catherine Bell）通过梳理仪式学派的理论后提出，目前仪式研究存在的不足主要包括：首先，将思想与行为对立；其次，研究者本人的主观性太强，导致产生过度阐释的现象；第三，研究者把仪式仅仅当作概念而非实践活动来进行研究，这在一定程度上与仪式行为者本身似乎无多大的关联[②]。其实，仪式不仅能够体现等级、权威和价值观，而且也在构建着这些观念体系，它们之间并非一致的关系，体现出世界观的多重矛盾性。贝尔认为，对仪式进行研究时，必须将其放置在特定的、真实的场景之内，关注特定的仪式时空中参与者的行为方式和意识，关注他们如何界定文化价值观，如何处理各种错综复杂的权力等级关系。从这个角度来看，贝尔更注重“仪式化”（ritualization）特征，以及个体在仪式进程中的行为和感受，这也为本研究提供了一定的参考思路。

关于仪式中个体与社会的关系，不同的仪式研究学派结论有所不同。其实，仪式本身是主观建构的过程，又是既有社会的规约，在仪式的表演过程中，作为能动者的个人既展演了既有的操作程序，又充分地发挥了仪式参与主体的创造力，即创造了新的历史[③]。也就是说，仪式既是我们认

---

① [美] 兰德尔·柯林斯：《互动仪式链》，商务印书馆 2009 年版，第 3 页。

② Catherine Bell: *Ritual Theory, Ritual Practice,* Oxford & New York: Oxford University Press,1992.

③ 王铭铭编：《西方人类学名著提要》，江西人民出版社 2006 年版，第 442 页。

识社会的一种渠道，又为我们反观自身提供了场景，所以在仪式中我们不仅要看到社会还要关注到个体。凯瑟琳·贝尔提出仪式是作为一个建构性的概念而存在，倘若离开具体的情境来讨论仪式的话，将会一无所获。所以，本研究把视线聚焦于学校场景中的"仪式"，去探寻仪式中"个体何以可能"，儿童是如何处理个体与社会关系的。

二、国内外学校仪式研究现状

（一）学校仪式的概念

中国的文化主流是以"求善"为主的"道德型"文化，同时重视礼乐教育。自周公"制礼作乐"施行教化以来，就试图将政治秩序、社会理想和人伦价值融入各类教育仪式中，从一定程度上来说，古代的"礼教"就是仪式的教育，人们在仪式过程中得到礼化，并引导他们按照仪式过程中提出的道德伦理来实践。学校通过各种仪式实行礼教，大家开始日复一日、年复一年地践礼、行礼，从"吾日三省吾身"的小心翼翼，唯恐非礼，到将礼内化为一种行为准则，达到"从心所欲不逾矩"，礼渗透在儿童的日常生活中，成为他们处事行事的规范和标准。具体来说，"礼"表现为社会或学校的规范，也表现为人情交往行为，同时又是个体实现自我价值的动力。

仪式作为礼的制度化、技术化形式，融入生活的方方面面，对人们的价值观念和行为标准有着潜移默化的影响。因此，从仪式教育的"主战场"——学校出发，组织多样化的仪式活动，注重日常化的仪式行为，是培养和激发个体仪式感的重要途径。当然，学校仪式并不是无谓的、无用的或自发的、自为的存在。学校仪式具有特殊意义，它从日常时空中被抽离出来，是一种充满意义的文化事件，属于学校生活中的一部分，有时甚至会演变成为学校制度的一部分。正如拉德克利夫－布朗所说，“在内容和形式上，仪式往往展现了社会结构的正规化”[①]。学校仪式在传递其程序性、象征性、表演性特征的同时，也在对传统的社会仪式进行选择和创新，作为一种特殊的文化类型，学校仪式被赋予了更多儿童教育的意涵。

在“仪式”概念的基础上，李红真认为学校仪式是“学校全体成员之间共有的和大多数人在长期教育教学实践活动中积累的，在组织中表现出来的做事方式或一系列程序化活动的统称”[②]。该定义指明了学校仪式程序化、继承性的特点，但没有认识到仪式的象征性、表演性，将学校习惯性行为与仪式相混淆。在认知“文化”具有“物质”与“精神”、“有形”与“无形”、“静态”与“动态”等属性的基础上，她按照仪式所表现的内容由浅入深的原则，把学校仪式分为四种类型，分别是物质层面（如标牌标语、教学设施等）、制度层面（如规章制度、行为准则等）、行为层面（如教学、科研等）和精神层面（如价值观念等），这种分类明显存在对“仪式”概念泛化的问题，将“文化”与“仪式”这两个概念混为一谈，分类方式稍显牵强。将建筑物、标语等视为物质层面的仪式，甚为不妥，它们仅仅是作为学校物质文化的一部分而存在。

与此类似，徐立峰将关注点聚焦于学校仪式中象征符号的功能上，将学校仪式分为静态的和动态的两种类型，前者指那些能够体现学校师生行为方式和精神面貌的物化形态，例如环境设计、建筑风格等等；后者主要

---

① 黄平、罗红光、许宝强：《当代西方社会学·人类学新词典》，吉林人民出版社2003年版，第191页。

② 李红真：《学校常规活动仪式的文化解读》，《现代教育论丛》2008年第10期，第47—50页。

指学校举行的各类仪式活动[1]。虽然学校仪式是特定文化的表现形式，是体现学校意识观念、思想情感的载体，但把任何具象的、符号化的物质形态都当作仪式的类型，实有不妥。学校仪式并不属于物质范畴，而是在特定的文化体系中付诸实践的一种特定的行为方式。

从人类学的角度出发，余清臣认为“仪式是学校文化的载体”，“只要是能象征某种文化意义的、有角色分配的社会行为”[2]都可算是仪式。通过寻找学校仪式在生活经验或生活仪式中的隐喻原型，他将学校中存在的仪式归纳为四种类型：人生仪式原型、祭祀仪式原型、狂欢仪式原型和战争仪式原型。但是，他并没有说明学校仪式的具体内涵。

通过文献梳理，结合“仪式”的定义，本研究对“学校仪式”的界定包含以下方面：

首先，学校仪式作为学校生活的一部分，是一种程序化的表现活动，能创造出不同的时空结构，是对学校日常生活世界的拓展和补充；

其次，儿童、教师、家长、社会人士等都是学校仪式的参与者，在学校仪式操演的过程中他们所扮演的角色具有个性化特征，但是角色被赋予的意义却远远超出具体的个体本身；

最后，在学校仪式中处处体现着文化属性，仪式参与者进入由时间、空间、仪式场景等具有象征与隐喻意义的符号系统共同构建的生活世界中，接收该仪式所传递的文化意义。

简而言之，本研究中的“学校仪式”是指在学校场景之中，儿童、教师和家长等作为主要的参与者，具有表演性、象征性的程序化活动。

---

① 徐立峰：《学校仪式的异化及其价值的回归》，山东师范大学硕士学位论文，2012 年。
② 余清臣：《学校文化的载体：仪式建设》，《教育科学研究》2005 年第 8 期，第 22 页。

（二）学校仪式的表现形态

学校场域中存在着大量的仪式类型，目前关于学校仪式的研究较为丰富，学校仪式具有清晰的发展脉络、丰富的理论内涵和清晰的实践边界。不同的学者根据自己的研究视角和研究目的，建构了多种不同的仪式分类体系。基于这些分类体系，学者们对学校仪式的表现形态也持不同观点，下文将对其进行梳理。

1. 人类学视野下的仪式分类体系

在人类学的研究领域和意义范畴体系里，仪式是一种社会实践和行为。随着仪式范围及其涉及内容不断扩大，仪式的分类也变得更加多样化。目前较为典型的仪式分类如下表 0-1：

表 0-1　人类学视野下的仪式分类

研究者	分类标准	仪式类型
Durkheim（1965）	属性效价	消极仪式、积极仪式
Tumer（1969）	行为动机	生命危机仪式、减灾仪式
Rook（1985）	多维分类	A. 基于宇宙论：宗教仪式、魔法仪式、艺术仪式 B. 基于文化价值：过渡仪式、文化仪式 C. 基于群体学习：民族仪式、团队仪式、家庭仪式 D. 基于个人目标：个人仪式 E. 基于生物论：动物仪式
Grimes（1995）	实际用途	仪式化行为、礼节、典礼、巫术、礼拜、庆祝
Bell（1997）	融合神圣性与凡俗性	A. 体现社会－宇宙秩序的仪式：过渡仪式，政治仪式，历法仪式，交换和共享仪式，宴会、禁食与节日仪式，减灾仪式 B. 日常生活中的仪式化行为（近似仪式行为）：神圣象征行为、传统行为、正式行为、规则支配行为、恒定行为、表演行为

本研究以学校中的仪式为切入点，属于非宗教仪式范畴，因此更推崇以下两种分类：

加拿大学者罗纳尔德·格莱姆斯（Ronald Grimes）从发生学的角度对仪式行为的起源进行探讨，通过关注仪式过程中的行为和与身体相关的动作姿势，将仪式分为：仪式化行为（ritualization）、礼节（decorum）、典礼（ceremony）、巫术（magic）、礼拜（liturgy）和庆祝（celebration）①。其中，仪式化行为是指不断重复的、某种类型化的姿势和姿态，一旦某种姿势或姿态的意义、交流和表现的重要性超过其实用功能时，“仪式化”就开始了。例如：通过合掌、磕头表示对神的敬畏和祈求，属于祭祀仪式的膜拜动作。仪式行为的价值并不在它本身，而在于它所象征的东西，能够激发仪式参与者的某种生命能量。礼仪是一种交互仪式，在个体或群体的相互接触中产生，目的是规范社会互动，具有强化社会秩序、促进社会稳固的功能；典礼发生在较大或具有政治意图的群体中，言说的个体和倾听的集体间属于非对称交流，更多地体现出强制性、制约性的特性；巫术是一种希望用神秘的力量来获得某种期望结果的行为；礼拜则是一种回归宇宙本源的方式，它的独特性在于质询功能；庆祝可以看作是一种仪式化游戏的表达方式，它具有自动自发的娱乐性特征，主要包括节日、狂欢节、音乐会等（Grimes，2006）。

突破了涂尔干将仪式分为神圣/凡俗的分类架构，凯瑟琳·贝尔（Catherine Bell）将仪式看作是与人类信仰、行为、经济、政治等多方面联结的行为②，在当代仪式分类理论中较有影响。贝尔将仪式分为两类：一类是体现社会－宇宙秩序（social-cosmic order），其包含的六类仪式

---

① 王霄冰编：《仪式与信仰：当代文化人类学新视野》，民族出版社2008年版，第14页。

② 彭文斌、郭建勋：《人类学视野下的仪式分类》，《民族学刊》2011年第1期，第52页。

迎合了对仪式的传统认知，与信仰或宗教传统保持联系，是具有信仰底蕴的行为；另一类主要是指日常生活中近似仪式（ritual-like）或仪式化行为[①]。

西方关于仪式的研究发展到现在，已经扩展到多学科、多领域的研究范畴中。随着表述范围的不断扩大，仪式的分类形式也越来越多样，包括宗教仪式、民俗仪式、政治仪式等等，而且同一个仪式可以被表述为宗教的、民俗的、艺术的、哲学的。在这个过程中仪式也被赋予了更深刻、更丰厚的意义，渗透在人类历史文化和社会生活的各方面、全过程。

2. 学校仪式的表现形态

由于对仪式分类的不同理解，国内学者们对学校仪式的分类也不统一。王海英将学校中的仪式大致归为仪式化、礼仪、典礼和庆典四类；余清臣提出学校文化中包含由祭祀、人生、战争和狂欢等原型仪式隐喻而来的各种仪式；根据仪式发生的领域和目的，李启波将其分为三类：经济类型（捐赠仪式与签约仪式）、政治类型和文化类型（包括通过仪式、学术仪式、纪念仪式和泛化仪式）。无论哪一类，都主要对学校中的制度化仪式进行讨论，它们有些因传统沿袭下来而成为常规，有些因国家政策或学校制度规定而必须举办，有些因学校教育特色而自主创造设计。本研究主

① 日常生活中的近似仪式包括：A. 神圣象征行为，一方面与宗教仪式十分相似，另一方面又不同于宗教中的那种神秘或超自然的力量；B. 传统行为，是连接过去与现在的中介性行为，是对历史记忆的恢复或虚构；C. 正式行为相比于礼节性的交流或者对话更为规范和正式，它是属于一种浓缩仪式或其象征意义表达的符号系统；D. 规则支配行为，经常体现在仪式性的竞争，例如战争、体育竞技、竞选等；E. 恒定行为，指的是能够准确复制并进行实际操演的纪律性行为，主要是为了体现实践的权威和群体观念；F. 表演行为，主要是指在公共的空间内展示的具有高度象征性的行为。参考自：彭文斌、郭建勋：《人类学视野下的仪式分类》，《民族学刊》2011 年第 1 期，第 53—58 页。

要参考格莱姆斯和贝尔的仪式分类体系，结合 C 校仪式的内容、特点和目的，对其学校场景中仪式的表现形式进行划分。

（1）政治仪式

政治仪式主要是指通过象征和象征行为来建构、展演政治机构权力的仪式，通常具有神圣庄严的色彩。“它是一种被规定了的意识形态，一种心理上的诉求形式，一种具有制度性功能的行为，一种政治场域内的操演策略。”[①] 虽然政治仪式不是学校仪式所独有的，但它对儿童的影响却是深远和持久的。政治仪式的运行不仅展现了国家的权力，同时也对身体在场具有强制性，是实施政治教育和爱国教育的典型仪式活动。学校作为知识生产的制度性场所，从来就不缺少政治色彩和意识形态的内容。每逢重大的纪念日举行仪式，以此对学生进行爱国主义教育，是政治仪式最为重要的主题。学校中的政治仪式主要包括入队仪式、升旗仪式、宣誓仪式，以及国家重大纪念日举办的相关仪式等等。C 校清明节期间举行的纪念性仪式，正是政治仪式的一种表现形态。

（2）典礼

学校的典礼通常包括新生入学典礼、开学典礼、毕业典礼等。典礼具有强制性，通过事件和行为动作表达意义，传达或确认一定的社会观念，因此典礼是在温情外衣下的强权式交流中进行的。学校是权力的掌控者，学生作为参与者更多的是倾听、被规范和被要求，二者呈现出一种非对称的交流方式。C 校在接受个人、企业或社会团体等的捐赠时会举办相关的仪式，仪式过程中学生与学校、捐助者之间呈现出的是一种不对等的关系，故而本研究将捐赠仪式归为典礼的类型中。C 校捐赠仪式较多，有针

---

① 程天君：《“接班人”的诞生：学校中的政治仪式考察》，南京师范大学出版社 2008 年版，第 31 页。

对学校层面的，包括学校教育教学配备设施，如校车、图书馆的建设、办公室装潢等；也有针对学生个体层面的，例如助学金的捐赠等。

（3）庆祝仪式

庆祝仪式是为了庆祝某个节日或者某件事情的发生而举行的仪式，在特定时刻通过仪式释放、表达和展现人们的期望、喜悦等特殊情感。与其他仪式类型不同，节庆性仪式唤起的多半是喜悦的情感，具有自发的娱乐性，能够获得自我满足，其性质多半是游戏性的。在节日期间举办的联欢会或游艺活动、狂欢节、庆功会等都属于这种类型，本研究主要考察了C校作为节庆性仪式的愚人节和毕业庆祝仪式。

前文归纳和呈现了学校仪式的表现形态，通过田野调查，发现C校仪式存在着制度化与非制度化[①]之别，目前学者的研究集中于讨论制度化仪式，例如升旗仪式、入队仪式、开学典礼等。然而，在学校生活的世界中，以学校为主体的制度化仪式与以儿童为主体的非制度化仪式时常进行着激烈的对话。制度化仪式严肃而规范，按照制度化组织前台演出的固定程序展开，是学校制度控制儿童个体的“正剧大戏”；而在非制度化仪式中，儿童个体本我的真性情得以呈现。本研究通过对学校场景中制度化仪式和非制度化仪式进行对比，呈现它们的功能、对个体的影响，解释不同仪式背后的文化意涵，让个体对制度发问。

① 制度化仪式作为一种公共仪式而存在，它与宗教仪式具有相同之处，但也存在差异。宗教仪式建立在敬神的基础上，其形式和进程都表现为规范、严肃和圣洁，仪式行为建立在“膜拜价值”的心理基础上。而制度化仪式日趋现代化、世俗化，形式也趋向于多样化，仪式行为则是建立在“展示价值”的心理基础上。本研究认为学校中的“制度化仪式”需要具备的特征：首先，仪式是在开放性的空间内进行的，由学校秩序规定的；其次，仪式是在人与人（教师、学生、家长或社会人士）之间的交往中进行的；第三，仪式的开展具有目的性、程序化和结构化。在学校制度、规范之外的，则被称为非制度化仪式。

（三）国外有关学校仪式的研究

关于学校仪式研究，国外的成果较多，在对学校仪式进行宏观方面研究的同时，也将仪式研究的领域扩展到了学生个体的心理、道德发展和课堂教学等微观层面。美国学者帕特里夏·史卡利（Patricia Scully）等强调了仪式在儿童早期教育中的重要性，指出“仪式及传统为儿童的童年生活提供了意义与机构，它们使日常生活变得特殊并创造了持久的记忆”[①]，这说明仪式能够让社会记忆得以贮存。

国外关于仪式与个体社会化方面的研究，较有代表性的是德国克里斯托弗·乌尔夫（Christoph Wulf）。他主要从文化的演示性路径出发，对教育活动中的仪式进行探讨，报告“柏林仪式研究”项目的研究成果。他提出仪式是社会化领域与制度之间的中介，对儿童的生活具有形塑作用，让他们能够适应社会秩序，从而使得对学校和课程都非常重要的社会学习在仪式中成为可能[②]。“社会”通过仪式被建构起来，学生在此过程中对学校产生认同。乌尔夫讨论的焦点在于教育仪式对个体社会化过程的推动，这对本研究探讨仪式、个体和社会的关系有一定的启发。美国批判学家彼得·麦克拉伦（Peter McLaren）认为教育就是一场仪式的表演，阐释了符号意义的宇宙（学校）是如何通过仪式这个媒介来重新组合并强加到学生意识的微妙方式[③]。华盛顿大学亨利（Henry, M. E.）通过对两所私立学校的仪式进行研究，将葬礼仪式、婚礼仪式等归为“高仪式”，将社会和

---

① Scully, P. & Howell. J. *Using Rituals and Traditions to Create Classroom Community for Children, Teachers, and Parents*, Early Childhood Education Journal, 2008(36):265.

②［德］克里斯托弗·乌尔夫，赵雅量：《教育中的仪式：演示、模仿、跨文化》，《北京大学教育评论》2009 年第 2 期，第 130—142 页。

③ Peter McLaren. *Schooling as a Ritual Performance*, London: Routledge & Kegan Paul, 1999:300—323.

文化的庆祝活动等归为“低仪式”，提出这些被精心计划的、具有象征性的学校仪式，有助于教师和参与者形成特定的世界观[①]，具有极为重要的作用。韩国学者 Park Jong-Bae 提出朝鲜时期的学校仪式受儒家思想的影响比较深，学校仪式与社会功能密切相关，在追求儒家人格形成的过程中，构成了一个完整的教育体系的一部分[②]。这些研究成果都为我们认识仪式与学校行为、社会结构、个体社会化之间的关系提供了一定的参考和借鉴。

关于仪式教育与公民道德教育方面的研究，主要聚焦于仪式教育的全面渗透性，将其生活化、惯性化。英国社会学家伯恩斯坦（Basil Bernstein）指出，“仪式促进学校共享的价值观、规范以及社会共识的传递和内化，因此仪式成为学校文化的一种表达”[③]。日本非常注重礼仪的道德传统、观念教育，把入学仪式、毕业仪式作为民主教育或培养公共精神的重要环节，在其中小学《学习指导纲要》中将“仪式活动”定义为对学校生活加以有意义的变化、节点，体味严肃清新的气氛，为走向新生活增添动机的活动[④]。

然而，大多数学者的关注点都在学校中的入学典礼、毕业典礼等重大的仪式范畴，与此不同的是理查德（Richard A. Quantz）发展了戈夫

---

① Henry, M. E. *School rituals as educational contexts: symbolizing the world, others, and self in Waldorf and college prep schools*, Qualitative Studies in Education, 1992（4）: 295—309.

② Park Jong-Bae. *School rituals and their educational significance in the Joseon period—Rituals as one of the pedagogical pillars of Confucian school education*, Educational Philosophy and Theory, 2019（9）: 949—957.

③ Maloney. C. *The Role of Ritual in Preschool Settings*[J]. Early Childhood Education Journal, 2000（3）: 144.

④ 胡国勇：《日本学校仪式的教育史研究》，《华东师范大学学报（教育科学版）》2010 年第 3 期，第 87—96 页。

曼（Erving Goffman）的“互动仪式”概念[①]，认为学校教育是充满仪式的过程，通过民族志的观察记录及仪式批判的方法，将研究聚焦到美国学校中被人忽视的微观互动仪式，认为看似无意义的日常生活中具有一些微观仪式，譬如宣誓、动员会、学校日常行为等，反而蕴含着更多的教育意义和重要的社会影响[②]，这在一定程度上有助于改善学校教育重成绩轻表现的现象，能够促进教育公平。“仪式是一种表演，是一种吸引观众的行为”，通过学校微观的仪式化行为能够影响人们的理念和实践。理查德将仪式看作是行为的一部分，一定程度上使得研究者将注意力脱离教育目标、教育结果等理性行为，消除对学生等级、性别和种族的偏见。理查德在另一篇文章中对两所学校生活中的仪式活动进行详细的记录：一个是美国一所小学每天的晨会仪式；另一个是位于美国中西部城市社区的大学上课的第一天。然而，他着重强调的是第二个例子中课堂表现作为一种更为隐蔽的“互动仪式”而存在，同时对日常生活中的非理性社会机制进行了分析。他提出仪式应该被视为社会行动的一个方面，而不是作为社会行动的一种类别，在课堂行为的表现中几乎处处都能看到仪式的存在，这有助于我们理解日常生活中的世俗活动是如何承载着强大的文化信息[③]。

关于学校中的仪式研究，理查德将焦点从大型的、制度化的仪式类

---

① 戈夫曼提出在现代社会中，那些“面对超自然神的替身而操演的仪式”或“涉及长时期职责仪式的大典”等传统的仪式形态，已经不再是主流。他使用“仪式”的概念，主要是在面对面的互动过程中以小片断的行为呈现或组成的，虽然具有非正式性和世俗性，却也是个体表现自身行动意义的符号手段。

② Quanz R.A., Connor T.O. & Magolda P. *Rituals and Student Identity in Education: Ritual Critique for a New Pedagogy*, New York, Palgrave MacMillan, 2011.

③ Quantz R.A., & Magolda P. M. *Nonrational Classroom Performance:Ritual as an Aspect of Action*, The Urban Review, 1997(4).

型转为微观的、互动性的仪式类型，以此来探索学校内部的文化特征及社会的结构与文化，同时也关注到了仪式中的个体和个体的行动。不过，理查德在研究中并未对微观日常仪式有严格的界定，一定程度上模糊了“仪式”与“互动”这两个概念。但是，他提出转向日常仪式的研究视角为本研究提供了思路，笔者需要把握的是，一定要结合对“日常仪式”概念的界定，精准地定位自己的研究对象和研究范围。

（四）国内有关学校仪式的研究

与国外学校仪式的研究成果相比，国内的研究总体来说并不多，梳理文献后发现从内容上可分为微观与宏观两个层面。

1. 微观研究

从微观研究来说，学者们以小见大，主要选取学校某一具有代表性的仪式进行分析和研究，并挖掘其内在意涵，较为典型的是：升旗仪式、入队仪式、开学典礼、毕业典礼等，这些研究成果为本研究提供了参考。学者们通过分析学校仪式不同类型的场域划分、权力的选择与运作等，对仪式背后的多种权力关系进行探讨，从而反思现代制度化学校教育中“背离初衷”的规训模式。如宋萑深入剖析学校升旗仪式的深层次意义，通过揭示其“结构—反结构—结构”的进程，展示升旗仪式象征地展演权力、构建社会记忆、实现国家认同，是一种传递和再建“国家的神话”的方式[①]。

还有的学者跳出大型的学校仪式，将课堂作为一个个精致的“小社会”，认为它是一个蕴藏纷繁复杂的结构、情景与互动，具有生命活力的整体，同时对师生在课堂情境中的社会关系进行呈现，把教学活动作为负

① 宋萑：《学校升旗仪式的人种志研究》，华东师范大学硕士学位论文，2004 年。

载文化意义的仪式进行研究，指出它是具有表演性、象征性的规范化社会活动（余清臣，2005；史宏杰，2012）。总体来说，学者们认为教学活动通过教师、学生、课程完成生命精神能量的转换，通过一种有组织的、程序化的流程进行知识传递，并以价值建构和意义阐释为目的来呈现不同的文化特征。于鹏飞从一个"局内人"的视角，基于社会学理论分析了基础教育阶段中的课堂教学仪式，将教学仪式分为上下课时的仪式、讲授时的仪式、背书时的仪式、奖惩时的仪式、练习时的仪式，并从这几方面进行分析，以师生互动的言语作为观察的切入点，探讨课堂教学仪式的社会性功能，他认为课堂仪式是在特殊时空中规范化的社会行为[①]。在课堂教学的过程中，教师与作为仪式表演者和观众的学生之间存在相互吸引、相互宽容、共同参与的关系，能够产生一种情感联系，教师在传递知识的同时，这些仪式性活动也传递着深层的文化观念，让学生能够重新进入一种新的状态。

2. 宏观研究

近年与仪式相关的研究从最初着重于培养教师与学生礼仪或者加强道德教育的操作指南，到后来刘云杉、程天君对仪式具有社会学意味的分析，再到硕博学位论文有关学校仪式的专题研究。从宏观层面而言，主要以人类学（张志坤，2011；傅霜，2011 等）、文化学（刘丽，2007；缪学超，2016 等）、教育学（袁颖，2012；李政涛，2006 等）、社会学（王海英，2007；程天君，2008 等）为研究视角，从整体上探讨与分析学校仪式的分类、特征、意义，通过反思提出解决措施等。

从人类学的视角来说，有的是对仪式的空间、器物、角色等象征符号进行阐释，或者是对学校仪式进行现象描述和归纳，主要强调学校仪式在

① 于鹏飞：《课堂教学仪式的社会学分析》，曲阜师范大学硕士学位论文，2004 年。

传递情感、经验意义、建构历史记忆等方面的功能。从社会学层面来说，主要关注的是学校仪式背后的国家权力、身份认同等问题。有的学者则是从文化层面对学校仪式的价值进行探讨，提出学校仪式是构建学校文化的重要途径。就教育学方面而言，有的学者对教育实践工作者的经验教训进行总结；还有的学者设计学生对现有学校仪式的满意度问卷，通过量化的问卷调查了解儿童的体验和感受[①]，但问卷中预设的答案与儿童真实的内在情感是否一致，这是值得商榷的问题。

然而，无论基于哪种研究视角，仪式都具有丰富的教育价值、强大的社会功能，是促进社会团结的有效手段。一方面，学者们已经意识到学校仪式的价值，认为它是由文化传统规定的一套程序性的行为方式，其中内含着丰富的教育思想，具有积极的教化功能（尹茂盛、王洁敏，2008）；它是塑造、展现学校文化特色的重要平台（薛国凤，2010等）；它是铸就儿童自我实现的结构力量（张志坤，2012）；对学生丰满生命的成长历程、培养生命价值观念等有重要的价值作用（李忠亮，2012）；通过仪式，学生们能够在潜移默化中得到教育，不断地强化自身的责任感和使命感（胡宝国，2009）。仪式不仅在道德教育方面发挥着重要作用，在思想政治教育、心理健康教育等方面也同样重要。还有的学者认为学校仪式经历了宗教本位阶段、社会本位阶段和多元取向阶段，现代学校仪式由于朝向微观领域发展更加凸显其多元的教育价值，从关注社会价值逐渐转向对仪式中的个体价值的关注[②]，这为本研究的开展提供了一定的研究基础。另一方面，学者们认为学校仪式已经陷入以下困境：

---

① 史卉：《少先队仪式教育研究——以T中学为例》，华东师范大学硕士学位论文，2017年。

② 董树梅：《学校仪式及其教育价值的历史变迁》，《山西大学学报（哲学社会科学版）》2017年第6期，第86—92页。

仪式目的模糊、过度重视仪式的外在形式、场景布置不严格、内容空洞化、仪式流程公式化、偷换扭曲仪式的作用、主角表演化以及受众麻木化等（甄慧娜，2020[①]；李平，2019[②]；鲍婷，2013[③]）；在仪式“形式化”的导向下，诸如场景、程序等外在的象征符号遭到破坏，这导致学校仪式的价值和意义无法凸显（袁颖，2012）。总之，学者们认为仪式开始从“神圣”的神坛走向“世俗”的喧闹，仪式的程式从习俗变为制度化的累赘，表演从虚拟走向虚假，象征从严肃走向滑稽，大家“认认真真走过场、扎扎实实搞形式”，最后仪式只能成为一种“当权者的狂欢、参与者的旁观”的存在方式。

王晋则将研究范围放在更为宏观的教育仪式领域，通过礼治范畴的分析，提出教育仪式作为一种教育场域中的典礼形式，能够对教育的秩序起到维护和稳定的作用，其中，教育秩序的运作包含个性在“有意无意之间化为群性”和“群性在框架上或细节上修正个性”两个过程。同时，他指出，对于个人来说，教育仪式一定程度上意味着社会化或异化；对于社会，“生产”出幻象类的秩序感包含着否定教育仪式功能的因子[④]。他看到了教育仪式在造就秩序感的同时，也塑造了个性丢失与格式化的师生。学校仪式的功能是为了构建教育秩序，但是，儿童内心的秩序感该如何建构起来呢？必须将外在的强制性的规范，改变为主动性的内在的欲求。虽然他提出要避免幻象类的仪式感，需要在人的全面发展的基础上发展人的个性，让个体在仪式中成为可能，但具体在仪式过程中，如何让个

① 甄慧娜：《初中学校仪式育人功能研究》，河南大学硕士学位论文，2020 年。

② 李平：《学校仪式教育的现实困境及变革之路》，《教学与管理》2019 年第 22 期，第 22—24 页。

③ 鲍婷：《小学阶段仪式教育研究》，陕西师范大学硕士学位论文，2013 年。

④ 王晋：《教育仪式的社会学分析》，《教育理论与实践》2010 年第 10 期，第 3—6 页。

体呈现出来，处理好个人与社会的关系，却并未详细提及，这也是本研究试图探讨的问题。

（五）文献述评

通过对“学校仪式”相关文献的梳理，不难发现，无论是微观视角还是宏观视角，学者对学校仪式的内涵、价值、现状及改进措施等方面都积累了丰富的理论和实践成果。虽然相关研究所关注的侧重点有所不同，但在以下问题上已形成共识，这也为本研究奠定了基础：

（1）学校仪式是学校生活、学校文化和学校教育中不可或缺的组成部分。“仪式能够对学校共享的规范、价值观起到促进作用，同时能够传递和内化社会的共识，因此仪式是学校文化的一种表达。”（Bernstein，1975）[①] 无论是学校中的重大节日还是特殊事件，仪式已经成为学校活动设计中必不可少的部分，成为深化和传播文化事件的重要力量。

（2）当前学校仪式存在着某种程度的异化。学校仪式的重要作用固然不可忽视，但在真实的学校场景中，它却因为各种原因产生了政治化、形式化、简单化、儿童主体缺席等情况，偏离了它的初衷，处于较为尴尬的境地。最主要的原因是，仪式的表达性功能减弱，工具性色彩浓厚。

（3）对学校仪式的研究必然离不开对仪式的审视。在人类学领域中，仪式研究作为一个重点的领域，各类研究成果颇丰。只有更为深入细致地研究、理解“仪式”这一核心概念，才能推进对学校仪式研究的深度。

同时，目前对“学校仪式”研究还存在些许不足，而这些正是本研究的生长点和空间。具体来说，主要包括以下几个方面：

---

① Maloney, C. *The Role of Ritual in Preschool Settings*, Early Childhood Education Journal, 2000(3):144.

（1）主体视角的缺失。学者多从研究者的视角来分析仪式的结构要素、象征符号，关注点放在学校仪式的功能、结构与进程，使得研究多基于“实践操作”的视角，没有过多加入儿童的声音，缺失了儿童主体的视角，对儿童作为参与者的情感获得和生命体验，其内心是如何对仪式进行阐释与建构等方面缺乏探索。只有纳入他者主体性的视角后，个体才得以呈现。那么，在结构化的学校仪式中，个体是否存在呢？存在的方式又是怎样的呢？

（2）缺少对学校非制度化仪式的探讨。目前对学校仪式的研究集中在制度化仪式上，而对非制度化仪式的研究却少有涉及。那么，儿童主体在非制度化仪式中，是否能够得以凸显？其主体性和能动性通过此种方式在仪式中是否能够呈现呢？

（3）儿童自己世界的文化视角缺失。学校仪式作为一种公共的表达形式，能够促使产生儿童的活动空间——“集体”，它构建着儿童与成人间的文化世界。在儿童的世界中有两种文化：一种是儿童与成人世界的文化；一种是儿童自己世界的文化。学校教育要尤为关注建立在儿童日常交往基础上所形成的丰富生动的“日常生活世界”，以此增强仪式的生活化，凸显教育的综合化。然而，以往关于学校仪式的研究，无论是宏观视角还是微观视角，其焦点都在传统的、集体性的制度化仪式，并未对学校中儿童或儿童间的非制度化仪式进行过探讨，这也是导致只见制度不见儿童主体的原因之一。

（4）研究方法上，研究者多以成人的视角对仪式中儿童的行为进行分析。本研究试图透过儿童主体的视角来探讨仪式对他们自身的影响，用“去成人化”的角度体会儿童在仪式情境中的感受，了解他们心目中的仪式。在仪式研究方法上，乌尔夫提出“参与性观察、摄像观察、视频拍摄、照片分析、访谈和小组讨论等重要方法互为补充、互相交织”[①]，以此可以获得复杂而有条理的研究结论。“运用访谈和小组讨论的形式，从儿童的想象和象征性行为中得到重要观点”[②]，这对本研究具有可借鉴的价值。

总之，从理论方面来说，为了避免结构主义的仪式研究倾向，必须将仪式中儿童的行动逻辑和情感体验纳入研究范畴，才能看到儿童个体的主体性和能动性，才能让个体得以呈现。因此，本研究采取质性的方法，立足在儿童的生活体验视角，通过参与观察和深入访谈，深刻理解仪式背后不同系统中的文化观念，重点放在理解儿童在仪式中的行动逻辑和情感体验。从现实层面来说，仪式被人们时刻实践着，本研究不仅关注以学校为主体的制度化仪式，同时也将以儿童为主体的非制度化仪式作为研究焦点，一方面不仅丰富了仪式对个体关注的研究，另一方面也对不同仪式类型在儿童成人过程中的运行机制进行了探讨。同时，也能够为最大程度地实现学校仪式的育人价值，丰富儿童个体的生命体验，整全个体的生命成长历程提供有益的借鉴。

第三节　分析框架、研究进路与研究过程

一、分析框架：制度化仪式与非制度化仪式

基于目前研究中存在的问题，本书以小学阶段的儿童作为研究对象，将“仪式”这一社会化活动作为切入点，从儿童主体的视角分析他们在学

---

①［德］克里斯托弗·乌尔夫，赵雅量：《教育中的仪式：演示、模仿、跨文化》，《北京大学教育评论》2009年第2期，第130—142页。

②［德］克里斯托弗·乌尔夫，赵雅量：《教育中的仪式：演示、模仿、跨文化》，《北京大学教育评论》2009年第2期，第130—142页。

校制度化仪式和非制度化仪式中的个体实践、行动策略和情感体验，通过经验叙述、参与观察来探讨个体在仪式中是否得以呈现及呈现的方式，回应结构化的仪式中“个体何以可能”的问题，以此描述儿童在不同仪式中如何处理个体与社会的关系，并最终呈现出儿童在仪式中的“成人”过程，这是本书的研究框架。

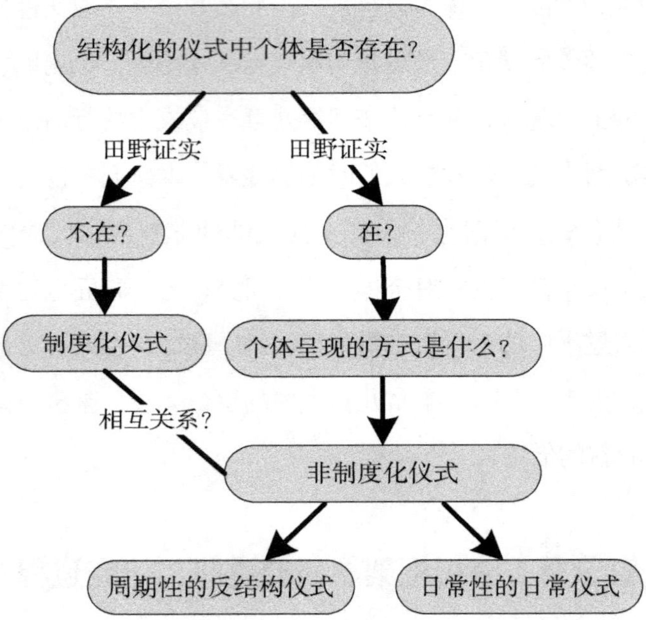

图 0-1　研究框架

在此分析框架下，本研究试图在真实的学校仪式情境中观察儿童、体悟儿童，探究不同仪式类型所渗透的文化观念及教育价值，考察现实文化和社会背景下仪式中儿童实现自我的发展历程，重在凸显对儿童个体的关注，引发对教育的反思，试图实现一种关注方式的转变。因此，针对这一分析框架，本书主要从以下三个问题进行讨论：

一是在学校场景的不同仪式类型中，儿童个体是否得以呈现，呈现的方式有哪些？这是对仪式结构主义研究的突破，通过关注儿童主体的行动和情感来进行探究和分析，这涉及个体在仪式中的主体性和能动性问题。

二是不同仪式类型对儿童成人过程的功能如何？这涉及仪式对个体的功能分析问题。

三是仪式的规范性与儿童主体价值之间的矛盾如何平衡？这直接涉及仪式中儿童个体与社会之间关系的问题。

因此，为解答“仪式中个体何以可能”的问题，上述三个方面将成为本研究探讨的重点。

二、研究进路：仪式中儿童的行动逻辑与情感体验

在学校的日常生活中，儿童会参与到不同的制度化与非制度化仪式中，与不同的仪式主导者和参与者进行交流和互动，本研究主要选取了几个重要的、有代表性的制度化与非制度化仪式进行研究分析。基于此，以C校为田野点，通过描述个体在制度化仪式和非制度化仪式中的行动逻辑与情感体验，以此展示仪式中儿童主体性和能动性的呈现方式，进而透视仪式对儿童成人过程的作用机制。

从研究进路上，本研究首先分析儿童在制度化仪式中的行为实践，揭示个体在制度化仪式背后的行动逻辑与情感体验。其次，将非制度化仪式分为周期性的反结构仪式和日常性的日常仪式，进入到儿童的日常生活和个人的意义世界中，展示个体在非制度化仪式中的自我呈现方式。在此基础上，对比分析制度化与非制度化仪式对儿童个体的不同功能，揭示不同仪式背后不同的文化意涵，试图建立一个分析框架缓解仪式规范性与儿童主体价值之间的关系，个体和社会的辩证关系也在仪式中得以展现。

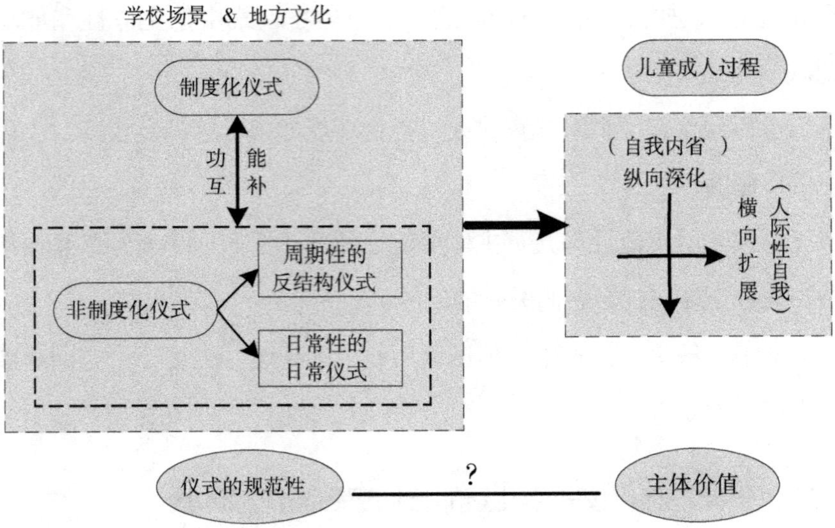

图 0-2 研究结构图

三、研究过程：儿童的视角

本研究主要通过参与观察、深入访谈等研究方法展开田野工作，既试图展示知识生产的过程，通过被研究者儿童的言语和行为来展示其背后隐含的思维方式和观念逻辑，又试图体现研究者与被研究者之间的平等地位。随着社会的发展和时代的变迁，儿童的自我意识、行动能力也开始凸显，彰显自我存在和独特体验的诉求不断增加。成人的视角是指成人以自身的立场来看待事物，这会导致在认识和理解儿童的过程中极大程度上会受到成人自身感受和体验的影响。因此，要想对儿童的本真有所把握，需要从儿童自身出发。然而，目前对学校中仪式的研究大多是从工具性维度来审视儿童，缺失了主体的视角。本研究从儿童的视角出发，关注儿童在各种仪式类型中的行动逻辑和内在的感受及体验，以此对儿童有更深层次的理解和把握。

在学校生活中，儿童表现于外的言行标识其存在，内化于心的体验则凸显其存在的意义。对仪式中的儿童进行研究时，我们不仅要认知其外在的言行，更要发现其背后的体验。为此，我们需要采取一些方法和手段，以“导出儿童的视角的‘内’（如感受、体验），与儿童的视角的‘外’（如话语、想法及意象）”[①]，从而一同构建儿童自身主体性的显现。因此，笔者每天以“局内人”的身份进入班级，遵守局内人的规则，与儿童们一起参加教师组织的一日学习生活的各个环节。在教室里与孩子们一起听课学习，主要观察对于不同任课老师的授课方式不同类型学生的反应，并对比孩子们课堂内外的不同状态，更重要的是建立与学生的熟悉度、信任感。在课间和课外时间，笔者以“同学”的身份努力与不同类型的孩子接触，观察空间从教室扩展到操场、学生宿舍和学生的家庭中，也借助 QQ、微信等平台了解孩子“星期”[②]时的状态。同时，参与学校组织的各种仪式活动，将相关的仪式话题带到班级组织同学们进行讨论。在对儿童言行进行观察描述的基础上，通过聊天、参与儿童生活、访谈、班会、画画想象等方法，了解他们对仪式的理解和关注点，以期更为接近儿童内在的意义；同时，也通过“共情”，使自己与儿童之间的视域得以融合，以此更为贴近儿童的视角。在与儿童的对话交流中，时常会感受到儿童心灵的美好与生命力，他们在用未被充分社会化、程式化的眼光看待社会，构建属于自己的世界，在制度化的学校教育中妥协与抗争。

笔者在 C 校进行的参与式观察从 2017 年 3 月 29 日直到 2017 年 7 月 20 日，其间 8 月份再次下田野参与 C 校为期 15 天的夏令营活动，此后亦

① 李旭：《从解构到重构：视域融合中的儿童生活叙事研究》，《安徽师范大学学报（人文社会科学版）》2016 年第 6 期。

② “星期”是地方话，意思指“放假休息”。

有数次回访[①]。在C校调研期间，得到了校长与学校各级领导的支持，他们在小学教师办公室为我安置了办公桌，向我开放学校的各项资料，我也可以参与学校的一切活动当中。根据我的调研设计，在校长的协调和帮助下，我成功地进入C校一至六年级的班级进行观察[②]，各班老师也都非常支持。笔者在每个班级都进行了为期两周的全天候课堂观察，正如“滚雪球”似的，日后在游戏场所我的身旁已经集结了不同年级的儿童。课堂调研的时间是固定的，但开放空间中对儿童的观测却是不确定的。笔者会随身携带笔记本、录音笔以便记录关键事件和谈话，晚上田野工作结束后，会及时整理和回顾田野笔记、录音及图片，以保证田野资料的丰富和真实。通过对六个年级孩子们参与的各类仪式进行追踪，收集了丰富的田野文字、图片与音频资料；同时，也对学校校长、老师们进行了相关的访谈。离开田野点，并不代表调研的结束，笔者与田野的联系一直没有中断，与学生和老师们或QQ，或微信，或电话，更多的人成了我的一种牵挂，而我也让他们有了一份惦念。

在田野中研究者有时也会碰到价值判断的问题。譬如，学生在访谈中谈到学校、老师的不妥当行为时，作为倾听者我表示同情甚至附和；倘若我对此表示反对、不赞成甚至教育他们的话，或许结果是我将面临失去孩子们信任的危险。但一旦我与学生站在一起，就可能意味着有些事情与教师在对立的场景中，结果就是可能会影响老师的权威，以及班级建立的制度和氛围，或者使教师对我失去信任。于是，我需要在不同场景的切换中把握好准则，或者模糊地表达我的态度。

---

① 2017年9月14日—17日、2018年1月4日—7日，笔者再次下田野参加学校关于“心教育”“孝德好少年”“助学走访”等活动。

② 除了一年级有两个班级外，二至五年级都只有一个班。

第四节　写作框架

本书面对小学学校生活中的仪式，不仅关注学校的制度化仪式，而且关注儿童或儿童间建构的非制度化仪式，从而探究“结构化仪式中个体何以可能”的问题，最终研究指向儿童在不同的仪式类型中如何发挥主体性和能动性，实现自我的“成人”过程。全书共分为以下篇章：

绪论。从仪式概念出发，通过对“学校仪式”的概念界定和相关文献的梳理，发现学校仪式中儿童主体视角的缺失，原因是学者们主要集中于对制度化仪式的研究，忽略了对非制度化仪式的分析，提出结构化仪式中“个体何以可能”的问题。同时，针对研究的问题，进一步提出研究框架和研究进路。

第一章走进田野。结合地方文化概述田野点的相关状况，鉴于研究对象是儿童，必须深入到儿童的世界进行观察，此章还介绍自己采用何种策略融入田野，被儿童接纳并成为朋友。

第二章与第三章解答的问题是：在学校场景的不同仪式类型中，儿童个体是否得以呈现，及其呈现的方式。其中，第二章制度化仪式：以学校为主体，分析以学校、社会、国家三类不同参与者构成的制度化仪式的运作机制，以及儿童的情感体验，探讨儿童主体是否可以呈现的问题。第三章非制度化仪式：以儿童为主体，主要分为两部分，第一部分是探讨周期性的反结构仪式，儿童成为仪式实践的主体，以愚人节与毕业典礼（非学校组织）为例，结合特纳“结构与反结构”的仪式理论，呈现儿童在仪式中的情感体验；第二部分是对日常性的日常仪式的探讨，通过田野案例呈现个体的日常仪式，描述儿童个体如何通过日常仪式建构内心的秩序；通过共享仪式和游戏仪式来分析小团体的日常仪式，以凸显儿童在构建自我主体性的同时也形成了小社会，揭示他们如何在“小社会”的仪式中积累生存之道和人际交往智慧。

第四章制度化与非制度化仪式的功能分析。主要总结和归纳制度化与非制度化仪式对儿童成长的功能差异，并分析它们之间的相互作用机制。

第五章实现个体与社会的共同构建，主要是为了解答仪式的规范性与儿童主体价值之间的矛盾如何平衡的问题。研究发现，通过不同的仪式实践，儿童主体在意义世界中产生自我的凝视与对话，在行动实践中进行人际性的沟通与互动，儿童一方面被社会、文化所形塑，另一方面再生产着文化，儿童也在文化经验中体现着自我、完善着自我，慢慢地“成人”。

结语，主要是对本研究问题的回应和总结。首先，儿童主体受到制度化仪式限制的同时，非制度化仪式为儿童主体自我的呈现提供了机会与平台；其次，以培养社会性为主的制度化仪式和体现个体性的非制度化仪式之间，两者功能互补，共同作用于儿童成长过程；第三，在纵向的自我内省与横向的人际性自我的相互结合中，仪式产生的秩序感与儿童主体价值之间的冲突得以缓解。

第一章

走进田野

研究的历程不仅是一路看绚丽的风景，也不仅仅是体力智力上的辛苦，我更时常体验到的是反思身处的文化所带来的痛苦。我体验到了被放逐，在熟悉的风景中流放自己，在亲昵如家的情境中流放自己。流放成为一种生存状态。在这样的流放中我能走多远，研究或许就能做多深。而所走的每一步，靠的不仅是勇气与意志，更重要的是一种内在热情。

——刘云杉《学校生活社会学》[①]

笔者进行田野调查的地点是位于山西五台山的C校[②]。五台山位于山西省东北部忻州市五台县东北隅，西南距省会太原市230公里，它是坐落于“华北屋脊”之上的一系列山峰群，五座山峰环抱整片区域，顶无林木而平坦宽阔，犹如垒土之台，故而得名。2017年3月29日，我开启了在五台山C校田野调查的旅程。从北京坐大巴一路飞驰，渐渐地感受到了温度的差

① 刘云杉：《学校生活社会学》，南京师范大学出版社2001年版，第26页。

② 书中按照惯例，对相关地名、人名和组织进行了匿名处理。

异。北京的春天已经到来，树的枝头早有了绿意，在通往五台山的路上，只见蔚蓝的天空下山峦起伏，却没有绿树环绕，据说山西尤其是五台山的季节比北京要晚一个多月。离开了车水马龙、喧嚣繁忙、高楼林立的北京，来到了群山逶迤、空气清新的山西，有的是乡野的宁静，内心也充满了遐想。

进入五台山景区收费站后，便会发现路旁开始出现山西各类特色的小吃店，道路两旁站着男男女女，他们时不时地朝马路中间招手，动作幅度特别大，像是在跳舞似的，口中喃喃自语，不明其因的我不禁想到“巫术”这个词。问过介绍人[①]后才知道，这是商家在招揽客人去店里吃饭，方才恍然大悟。车越来越接近五台山景区，佛教的气息也越来越浓厚，间或出现或大或小的寺庙，路旁有许多卖香、卖龙袍[②]、卖花灯的小摊。在日后的调研中，得知学校里很多孩子的父母或者爷爷奶奶可能就在路边的某个摊位上“卖香”，这是他们非常重要的谋生手段之一。一路上，不时也可以看到三跪一拜“朝台”的人。此时，田野中的故事也在召唤着我，期待在发现他者的过程中开启一段发现自我的旅程。

第一节　田野背景

2016年7月4日，我便与C校结下缘分，当时跟随北京市RA慈善基金会“心教育”项目的推广负责人赵校长一行前往，“心教育”在北京赵校长所在的学校已经开展一年多，无论是老师还是孩子都获得了极大

① 此次调研的关键介绍人是北京CD基金会的负责人张老师，她在五台县各中小学开展各类助学活动已有十几年的时间，包括“一对一”贫困生的救济、山西校园开展的汇爱活动、学校硬件设施资源的筹款、北京名师到山区助学、北京城市和山西农村孩子间的交流活动等等，为五台县的教育事业付出了很大的努力，也得到了五台县政府的多次表彰。她与C校Z校长有十几年的交情，目前是C校的名誉副校长，这也为我的调研提供了很大的便利和帮助。

② 此来自民间“五爷身穿龙袍”的传说，五爷是当地香火最旺的一尊神像。

的成长和进步、喜悦与感动。正如赵校长所说，"'心教育'就是要让老师'开心'地研究孩子的发展规律，全身心投入到教育当中去，引导教师有一颗陪伴孩子成长的心，希望让教育回到'心上'，用心做教育"。经过严格筛选，赵校长决定把C校作为第一个项目推广点，原因在于该校合并新建不久，在教育管理体系和师资培养等方面都急需帮助；但更为重要的是，C校的Z校长是有教育信仰的人，即使节假日也在学校忙碌着，以校为家，为了学校的发展和孩子的成长四处奔波，虽然拿着微薄的工资却也毫无怨言，正是这样一份对教育的执着打动了赵校长。之后就合作事宜进行的短短三天交流中，我也充分感受到了Z校长对教育的真心。一别半年之后，这次我带着自己的研究课题又重新回到了C校，将要在这里度过漫长的一段时间，既亲切又期待。

到达学校后，由于宿舍还未安排妥当，我和介绍人张老师便在学校正对面的宾馆住下。从宾馆的二楼可以看见学校的全貌，蔚蓝天空中的白云似乎触手可摸，远离城市的尘埃与噪音，对于久居北京雾霾天气中的我来说，这里简直就是人间仙境。在与大自然的亲密接触中，C校经营着一片属于自己的天空。C校在选址时基于环境的考虑，学校的建筑整体坐北朝南，且后有靠山，与周围环境协调存在，这属于比较完美的地理位置。

从远处一眼就能看见教学楼顶上的校徽和C校校名，校徽作为学校的标志属于视觉文化符号，它既有着独特的"外显"形式，又有着丰富的文化"内涵"，传达着学校的办学理念、特色和文化底蕴。校徽整体的图案显示，一座大白塔四周环绕着蔚蓝的天空，书本下方是五台高耸入云的台顶，仿佛隐喻着C校这所年轻的学校永远蓬勃向上，充满活力。在后来与校长的交流中，了解到他们当时设计校徽的初衷："这个图案整体包括两个同心圆，外圆象征着教师、内圆象征着学生，寓意学生在教师的包容和关爱下健康茁壮成长，同时也喻示全校师生同心协力，共创美好未来；图案的背景是五台山有名的大白塔，暗示学校处于佛教圣地；图案的主体是由学校名称的首字母‘C’和‘Q’变形成的一本书和一支笔，暗示学校的每位师生都将用手中的妙笔生花，谱写新的篇章。”

由于C校刚从五台山景区搬下来不久，校舍整体都透露出一派年轻的样子。这是一所两校合并的新学校，因此学校不仅面临着发展的任务，更面临着学校文化的重建。从校长的介绍中知道，之前在五台山景区里面共有村办小学15所，中心校2所。景区政府也一直坚持优先发展教育的战略，为了学生的综合发展和健康成长，也试图全面实施素质教育并开展各类综合性的实践活动，但是由于受到现实条件的制约，这里的教育发展一直停滞不前，其中最主要的问题在于设施落后、校舍不足、师资缺乏等。“有困难，找师父”。面对此种状况，2012年9月五台山启动了“捐资助教、慈爱人间”为主题的宗教慈善周活动，大家共同倡议要在此筹建一所现代化的、综合性的中小学。这个倡议一提出，立马得到五台山佛教界的大力支持，仅仅1个多小时就从65座寺庙的僧侣、居士们那里筹集到了1500万元的捐款，其中CQ师父[①]前前后后捐助了2000万元。学校从2012年开始动工，2015年9月份才正式从景区里面搬下来。为了感

---

① CQ师父，生于20世纪30年代，7岁时于五台山出家，亲历过日寇入侵五台山的罪行，后来也参加过抗美援朝，还过俗、成过家。战争结束后，又重新跨入佛门，是一位历经风雨、见证了五台山历史变迁过程的老僧人。C校“星期”时，在Z校长的引荐下，有幸与80多岁的CQ师父有过几面之缘，他面容慈祥，尽管眼角布满了鱼尾纹，但一双眼睛依旧那么有神。每次校长见到CQ师父就会说，“最近学校举办了六一活动”，“这是北京来的爱心人士，他们在我们学校开展助学活动”，“前阵子孩子们去山西太原比赛跳舞来着，登上了大舞台，还上了电视呢”……学校一点一滴的发展情况，或者项目的运作，Z校长都会向CQ师父汇报，他也非常关注C校的发展，法师每次听后都是点头微笑，赞许校长的用心、社会的帮扶，让人倍感亲切。有时，CQ师父还会到学校来参加一些活动，或是实地考察一下学校的发展情况。

谢 CQ 师父，景区政府以法师的名字来命名，所以学校的名字叫“五台山 CQ 学校”。通过大家的努力，短短两年内学校慢慢变大，学生从最初的 120 人增加到现在的 400 多人。Z 校长说：“我一直有责任也是压力，政府、景区领导把学校交给了我们这个团队，我们就要尽力把它办好，为当地老百姓提供一些比较好的基础教育。所以说，我们也在努力，努力的过程中也得到了社会各方的认可，得到了学生和家长们的肯定。”在田野的各类仪式中，Z 校长也会经常邀请法师们参加。

刚来学校时，我并未仔细关注校门的形状，后来四年级的小昕居然告诉我：“老师，我们学校的大门是不是很像一个‘γ’字，它就像我们一样，是一棵茁壮成长的小树苗，每天都会和我们一起成长。”孩子的眼光是睿智的，校园的每一处似乎都能被他们赋予独特的意涵。进入大门右边便是警务室，对我来说 60 多岁的门卫马老师是非常和蔼可亲的一个人，但他在小昕同学的描述中却是这样的：“警卫室是管理学校纪律的地方，里面的马老师满脸严肃，好像不容忍任何一个人破坏纪律。”孩子眼中的世界总是与大人们有所不同，只有倾听他们才能看到别样的世界。

位于大门西边的是一栋三层的教学楼，这是孩子们学习知识的公共空间，老师们也在此处办公。教学楼西边是实验楼，因为经费原因，很多实验器材尚未完全到位；教学楼东边是三层楼的女生宿舍。大门的东边有一块水泥地的操场，校长一直在寻找爱心人士希望能给孩子们建造一个塑胶跑道，以保障孩子们课余活动的安全。操场的北边是食堂，分为教师食堂和学生食堂；紧挨着教师食堂的是一栋三层楼的男生宿舍。四年级的小女生婧婧说：“男生宿舍看起来阴森森的，怪吓人的；但是女生宿舍看起来就充满阳光，像一个青春活力的少女。”学校看起来不大，却应了那句古话，“麻雀虽小，五脏俱全”。校长领着我来到我的宿舍，它位于教学楼二楼的西边，是一个独立而空阔的房间，与女生宿舍隔着一个走廊。不便之处在于不能随时随地观测到学生日常的生活，但也为每日参与观察后晚上的静思、田野日记的书写留下了空间和时间。

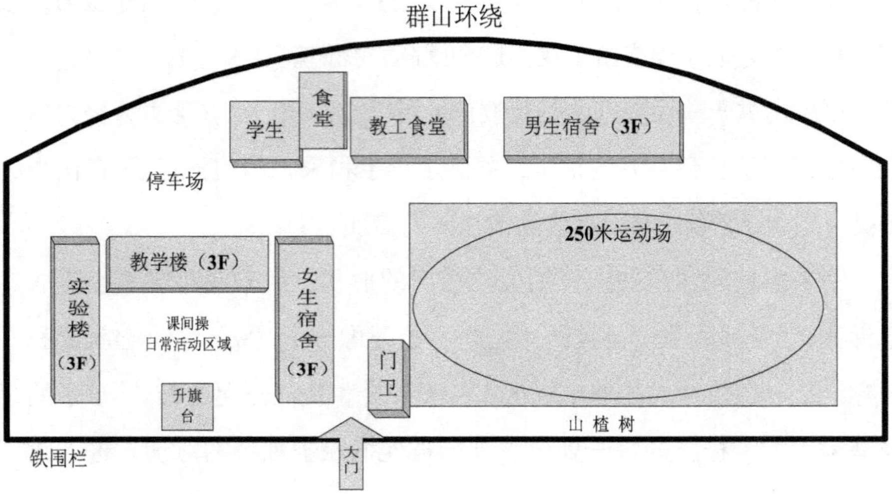

图 1-1 C 校儿童日常生活的空间结构图

总之，C 校是一个有边界、有组织的行政单位，也是一个由多层次的社会关系层叠而成的“社会空间”。它是由一些内在或外在的群体从某种策略性的角度来进行投资和规划的，因此既是一个具有政治性的公共空间，也是一个个体行动者相遇的场所。C 校的教室、操场、宿舍、食堂等开放场所都是学生所珍视的相遇的公共空间；标语、横幅、日常规则等无数复杂而细致的机制都在致力于构建学生的身份和文化认同。C 校通过构建公共空间让儿童的互动成为可能，同时也在塑造着每个儿童的日常生活和社会关系。在田野进程中，笔者得知很多孩子是新转来的，问及他们为什么要转过来，孩子们告诉我：“之前在村里的学校读书，这里是新建的，条件更好一些，我很多同学都转过来了呢”，“我们村里的学校与这里合并了，教我们的老师都来这里教学了，我们也就跟着过来了”，“县城的学校还有市里的学校管得可严了，在那里课间都不能出来，干啥都得排队，

哎，太辛苦了！还是这里比较好！”可见，在儿童的分类体系中，C 校与县城或者市里学校的划分不是体现在教学质量、成绩高低等可见因素上，更重要的是体现在不可见的情感因素上。在这里意味着平静、和谐、安逸的氛围；在那里则意味着更多的竞争、考试、压力的氛围。

在人类学家的眼中，每一处社会空间或建筑场所，不管是图书馆、工厂、医院还是教堂，不管是门窗还是走廊、庭院，在某种意义上都有其独特的文化和神秘性。任何空间的神秘性首先源于它所能带来的变化，学校就是这样一个神秘的场所。背着书包的儿童进入学校，同时也是他们与童年的“告别仪式”。儿童面对新的学校秩序与权威，进入到更加常规的，或更有意义的世界，在学校的制度化教育中逐渐拥有制度化的思维。对于儿童来说，C 校的“大门”构建了两个不同的世界，学校内、外环境的变化很大，他们身心的感受也会产生不同的转变，某种意义上在心灵深处这些空间就有了神秘性。更为神奇的是，所有的人都希望一个调皮捣蛋、思想颓废的孩子可以经过学校教育变得彬彬有礼、积极向上。学校作为一个场所，虽然不像寺庙等地涉及各种不可知的神秘事物，但是在学校生活中也存在各种制度化和非制度化的仪式活动，这些或许既能使儿童成长，也能给学校带来些许的神秘性。

第二节　融入田野：研究者的角色塑造

来田野点之前，我就向 Z 校长提交了我的研究设计，希望他接纳我。对于我的到来，校长非常痛快地答应了。在 C 校领导和老师们的观念里，我的身份被界定为一个“研究者”，于是他们称我为“万博士”“万老师”，不过随着慢慢地深入和了解，我更喜欢被他们亲切地称为“小万”。在孩子们看来，我只是一个“学生”，和他们一起学习、生活的“朋友”“姐姐”，有时也被称作“万老师”。田野中的“我”也不一样了，不同情境的“我”被大家赋予了不同的称谓。

在进入班级开始观察前，我会向班主任和代课老师们介绍自己的研究目的，并请他们不要因为我的存在而改变自己的课程进度和设计，或者有其他任何顾虑。在各位老师的眼中，我是一个对学校任何情况都问来问去的人，学校生活对于他们来说已经习以为常了，“我们这里有什么好研究的”，“我们都见怪不怪了，一直都是这样”。我时常会受到来自他们类似这样的质疑。而我则需要将常态、既有文化所教导的标准悬置起来，以开放和包容的心去接纳学校生活中发生的一切。对话是田野工作中最好的方法和态度。因此，我不断地与自己的心灵对话，与我的研究对象对话，与周遭的环境对话，在这种对话和反思的过程中不断深入展开自己的研究。

考虑到如果笔者以研究者的身份进入校园的话，会引起学生的好奇，导致他们分心，一定程度上会扰乱本有的秩序，使得儿童会有着与往常不同的表现结果。为了获取儿童更为真切的行动和体验，本研究想要借助儿童主体的分析视角，所以我尽量以“学生”的身份来融入这所学校，而不是一个代课教师的身份。总之，尽量淡化我的“研究者”身份，使孩子们放下戒备心理，能够以朋友的身份与我相处，这样我就能够获得更真实、更直接的研究资料。在孩子面前，塑造自己成为孩子的“伙伴”或“大朋友”，以此避免他们以对待老师及其他成人的方式来与我互动，这样才有利于笔者贴近儿童的日常学习和生活进行观察，获得儿童真实和自然的表现。为此，我积极地将自己打造成为“儿童的一种特殊朋友”，我既不会控制他们的行为，也不会直接告诉他们应该怎么做，应该做什么，属于“非典型成人”(anatypical adult)，以此希望赢得儿童的接纳与信任。

与孩子成为“同学”是我最先采取的策略。上下课的行礼是每堂课必不可少的日常仪式，这是一种对老师和学生身份确认的方式，也是传递社会时间和规范的重要途径，象征着课堂生活的正式开始和结束。上课时间是一种规范的、制度性时间，与混乱的、无序的课间时间存在着差异。因此，无论在哪个班级听课，我每次都会随着“起立”声与孩子们一起站起来，向任课老师鞠躬、问好，这让注意到我举动的孩子们又诧异又惊讶。在他们看来，这是确立老师和学生之间的关系，起身、鞠躬都是学生必须行的礼，而我的举动似乎打破了这种结构化的关系，也让他们对我的身份有了一种交错的状态。下课时孩子们就跑过来问：“你不是老师吗？你为什么也要行礼啊?”我顺势回答“我不是老师啊，我来和你们一起学习、玩耍的”，以拉近彼此的距离。即使如此，以后每次上下课行礼的时候，还是会有很多小脑袋向我看来，似乎想看看我还是不是他们“同学”的阵营。看到我依旧如故地鞠躬行礼，他们也满意地露出笑容，像是对我没有“叛变”的肯定。

在生活中，由于性别的优势，无论男生、女生都很容易将我看作“姐姐”式的角色，我与他们一起做游戏，一起参与整理宿舍、大扫除等劳动。孩子们会眨巴着眼睛问“我可以叫你万姐姐吗?”“你要是我的姐姐就好了”，这也令我非常高兴。在二年级小宇的认知中，我成为了一位“来学校和他们一起玩、一起做游戏、一起学习知识”的“万姐姐”。田野期间，孩子们几乎每晚八点半晚自习结束后，都会相约三三两两一起来到我的宿舍，帮我打热水、铺好床、打扫屋子，我则会教他们吟诵、与他们游戏或闲聊。不同于课堂教学中教师的角色，我成为他们的倾诉者；不同于教室的严肃氛围，我的宿舍成为他们娱乐放松的“王国”。于是，每晚在固定的时间、固定的地点等待孩子们的到来，似乎成了一种“日常仪式”，成为我与孩子之间的默契，正如《小王子》里狐狸与小王子的经典对话：

“最好还是在原来那个时间来。”狐狸说道：“比如说，你下午四点钟来，那么从三点钟起，我就开始感到幸福。时间越临近，我就越感到幸福。到了四点钟的时候，我就会坐立不住，焦虑不安；我就会发现幸福的代价。但是，如果你随便什么时候来，我就不知道在什么时候该准备好我的心情……应当有一定的仪式。”

“仪式是什么？”小王子问道。

“这也是一种被人早已忘却了的事。”狐狸说：“它就是使某一天与其他日子不同，使某一时刻与其他时刻不同。”

自己是否已经融入到“儿童”的世界，测量方法是什么呢？我想当孩子们愿意将自己心底的小秘密告诉你，愿意将自己的烦恼自然地向你倾诉，这是一种很好的验证方法。经常会有孩子悄悄地告诉我，我对哪个异性有好感①，也会把他写的小纸条或者准备送的小礼物给我欣赏，询问是否恰当；有的孩子会在我面前吐槽哪位老师不好，因为知道我不会向老师告状；有的孩子抱怨哪位同学做了什么他受不了，希望得到我的帮助；还有

① 这种情况一般发生在五、六年级的比较多。班上同学会说是“喜欢”，老师们说是“早恋”，我更乐意说成是“好感”，小学阶段的孩子们其实还不懂得什么叫作“爱情”，只是觉得谁好看，谁学习厉害，就对谁比较有好感，关注会多一些。当然，现在网络媒体的介入，电视里青春偶像剧的爱情故事比比皆是，难免都会对他们产生影响。据说该校还发生过“单膝跪地求在一起”的剧情，我私下询问男主人公，“你认为什么是喜欢？”他说“我也不知道”。接着他拿出准备送给女孩的礼物，那是一个蓝色的心形小化妆盒，他指着上面的字母“love”，说“就是这个”。旁边另一个男生听见了我们的对话，“喜欢应该就是他想和她在一起、结婚，这是我从电视里学来的。”“那你为什么喜欢她？”小男孩羞涩地回答：“因为她很可爱啊！”

的会因为生活中遇到解决不了的难题找我咨询……

我以一种开放、尊重的态度并营造轻松的情境来面对孩子，让他们感受到不同于教学情景下的拘束，与我能够开始真诚地对话。随着田野的深入，我与儿童间不再是你和我的关系，而是形成了“我们”的共同体，我参与了他们的学习和生活，他们参与了我的讨论，我们一起拓展了无限的精神空间。渐渐地，大家对我“活动”在学校各个角落的行为已经习以为常，我从一个“有形”的存在转变成了一个“无形”的存在，无论是老师还是孩子都似乎把我当成了学校生活中的一部分，对我不再充满陌生感和好奇感。“研究者完全融入到学校的环境中去了，而且校内的每个人对研究者的存在完全视若无睹，这是非常吸引人的。”[①]

① [美]沃尔科特：《校长办公室的那个人：一项民族志研究》，杨海燕译，重庆大学出版社2009年版，第6页。

第二章

制度化仪式：以学校为主体

学校，并不仅仅是一个简单的、空泛的概念，也不是一道铁栏杆或砖墙围成的建筑空间，它是一个特殊的社会舞台，充满着生机和活力的场所，蕴含着复杂的结构、情境和互动。学校是个人之上的基本社会单位或初级社会群体，也是传递道德伦理和价值观念的重要空间。制度化仪式是以学校为主体展开的，作为一种公众参与的社会仪式，既不同于私人聚会，也不同于偶发原因引起的公共集会。在制度化的仪式场合中，儿童所表达出来的“不过是无反思地遵循自幼熏陶其中的传统行为方式”。这些行为习惯和情感并不是通过规则学会的，而是他们与习惯于某种特定行为方式的人接触和交往的过程中习得的。儿童在制度化仪式中，“不过是依存于制度，而非依存于自然与个人的有机体”[①]。本章结合学校、社会、国家这样一个不断扩充的文化圈，深入探究具有普遍意义的纪念仪式及具有地方特色的捐赠仪式中儿童被仪式化的过程，以及它们对儿童行为和情感的影响，以期探寻个体在制度化仪式是否能够呈现。笔者并不是希望提出一套乌托邦式的仪式改造方案，而是希望通过研究学校场景中的仪式及其

---

① 刘云杉：《学校生活社会学》，南京师范大学出版社 2001 年版，第 54 页。

具体的实践，站在儿童的视角进一步展示和呈现，在制度化仪式中探寻个体的存在方式，以及儿童的成长轨迹。

第一节 纪念仪式：国家不在场的权力

“纪念仪式”是为了纪念和回忆某个固定历史日期或某个过去的神话中发生的事件，通过将历史性的叙述转变成一种周期性的神话模式，它是一种表达过去与现实沟通的方式，参与者以仪式为中心而汇聚，形成鲜明的群体形象和认同感。依托于纪念仪式，通过仪式布景和道具所构建的仪式情境，儿童作为主要参与者进行互动，在此过程中借助象征的形式和实际的演练能够塑造儿童少先队员的角色、红色基因传承者的角色，能够推动儿童根据自己的特定角色进行学习和实践。根据 C 校纪念仪式的特征，可将其划归为制度化仪式，本小节通过描述呈现 C 校清明节纪念仪式的时空结构、象征符号、身体实践和仪式话语，从中管窥儿童的行动策略和情感体验。

一、时空结构：权力的呈现

日本学者白川静认为，任何事物都处于时间和空间之中，处于时间之中的叫“存”，处于空间之中的叫“在”[①]。时空中的真实存在构成了一个完整的仪式行为。仪式受制于“规范性规则”与“构成性规则”，因此我们需要了解哪些要素构成仪式，以及这些要素如何在逻辑上行进。纪念仪式作为一种制度化的创造时空的手段，通过将时间结构化和节奏化，实现对学校日常生活的突破。当仪式参与者进入到由时间空间相互作用、相互影

---

① 彭兆荣：《人类学仪式的理论与实践》，民族出版社 2007 年版，第 314 页。

响下形成的相对独立的仪式环境时，他们会将自我的意识和行为与其相匹配，从而获得对时空的集体感知。

2017年4月3日上午9:00，C校全体师生在操场上整齐列队，400余名学生按照年级从高到低排成一条长龙，走路前往离校不远的晋察冀军区司令部旧址纪念馆，举办主题为“缅怀革命先烈，弘扬爱国精神”的纪念仪式。在整个前行的过程中，由交警协助学校老师为孩子的安全保驾护航。路上，由于清明节去景区的车子较多，好在有交警开路，来往车辆也很配合地停下来，他们都好奇地看着孩子们排着队。路旁的商贩们也都站在路边开始讨论孩子们的目的地，与老师熟悉的家长顺势来问，得到答案后便分享给周边的邻里，一派和谐的画面，淳朴而温馨。15分钟后，队伍到达司令部，里面早已响起了《红星闪闪》的音乐，学生们在司令部内开阔的空间里列队站好，9点半纪念仪式正式开始。学生面对主席台的正前方站着，“缅怀革命先烈，弘扬爱国精神”的横幅挂在展区一的大门上异常显眼，也标识着主席台的神圣空间。红地毯将学生分成左右两边，按照规定的班级次序分别站好。班主任站在主席台和学生队伍中间，以便管理班级秩序。主席台上除了站着少先大队辅导员、校长外，还有四名高年级学生，他们两两分别负责国旗和队旗的托举，旗帜互相辉映，人群整齐有序。附近的村民也被这次纪念仪式吸引过来，站在大门口观望着“场内”的情景，有的家长试图在人群中寻找自己的孩子。（来自田野日记）

（一）时间结构

当仪式中的时间与某个特殊事件相联系的时候，就被赋予了特殊意义，不同于日常生活中的时间，凝结着个人和集体的记忆。在仪式展演的过程中，时间并不仅仅是一种物理现象，它也意味着权力，主要是通过社会制度及结构化的社会行动产生作用、发挥功能，从而可以有效地实现文化认同。清明节是纪念先祖的日子，与日常时间不同，属于特定时期的节日时间。因此，C 校选择在这个特殊的时间举办对革命先烈的纪念仪式。在纪念仪式中，参与者及其行为被分割成一些序列化的连续时间片段，他们能够被“具体地控制和有规律地干预”[①]。在此过程中，“权力被明确地直接用于时间”，“权力保证了对时间的控制和使用”[②]。具体来说，学校借助物理时间对纪念仪式的时间进行了精确的“切分”，嵌入了制度化时间的概念，与日常生活的时间区分开来，使得纪念仪式获得了一种“嵌入性时间秩序”。

另外，时间还具有凝聚身体角色整体性的功能[③]，能够使仪式参与者的身体角色获得时间的持续性与当下性的力量。通过对纪念仪式的时间进行标注和界定，能够为仪式参与者的身体角色构建时间边界，以此告诉参与者可以做什么、不可以做什么，发挥时间的调控作用。正是通过这种有规律性、阶段性、周期性的纪念仪式，能够将其所蕴含的特定意义嵌入特定时刻，历史和现实、思想和行为都在这个十字交叉点发生作用，在此过程

---

① 王海洲：《政治仪式——权力生产和再生产的政治文化分析》，江苏人民出版社 2016 年版，第 117 页。

② ［法］米歇尔·福柯：《规训与惩罚：监狱的诞生》，刘北成、杨远婴译，生活·读书·新知三联书店 1999 年版，第 180 页。

③ 刘晶：《论中国共产党入党宣誓仪式三重功能——以塑造宣誓者党员角色为视角》，《三峡大学学报（人文社会科学版）》2021 年第 4 期。

中实现对儿童社会角色的塑造，成为一种累进性的沉淀方式。学校也是希望借清明节缅怀革命先烈，通过纪念仪式增强学生继承革命遗志，发扬革命传统的信心和决心。

同时，也因为清明节是祭奠亲人的节日，是国家法定节假日，去五台山朝拜的车子特别多，路上经常发生长时间的堵车现象。学校考虑到孩子们的安全，也就调整了清明节放假的时间。然而，五年级的小敏对我说："今天是清明节，所以我的心情不太好。上个星期，我的老舅舅离我而去，今天我好想回家再看一眼我的老舅舅。我好想回家啊，和他们一起给我老舅舅送点吃的，跟他们聊聊天。哎，他们身体健康，这是我这个时候最大的愿望。"小武也附和道："我的心情也不好，因为我们没有放假，回不了家。以前每到清明节都会星期，可今天没有星期。我好想到墓边去看看我的爷爷奶奶，我真的好想他们！老师要是有时空穿梭机就好了，我愿回到上午，去墓地看看他们，也给他们烧烧纸，给他们送点吃的，愿他们上天有灵，可以安心。"在孩子们的眼中，对亲人祭奠的意义似乎远远大于对革命先烈的纪念之情，因为对熟悉的祖先和亲人的情感链接强于陌生的革命先烈。然而，处于制度化的学校中，儿童只能遵从学校的安排，他们个体情感的表达受到压抑。

（二）空间结构

仪式往往是在精心布置的"场所"中举行，而场所的构成依赖于身体、媒介以及周围世界的物理特性等，它给潜在的制度提供了许多"固定性"。在C校举行的纪念仪式中，主席台、观众位置的安排、道具以及装饰等，共同为仪式展演、聚集仪式参与者提供了一个仪式空间，这其中往往包含着复杂的权力关系和社会文化意义。特殊的仪式空间会让我们唤起心中特殊的情感，虽然也会对遥远的、陌生的空间感到好奇，但是人们对自己在场的空间会更感兴趣。“晋察冀司令指挥部”是C校举行纪念仪式的真实空间，其中的装饰物、道具及其摆放是真实存在的，它们使纪念仪式的展演空间区别于其他的普通地方，这使得空间具有物质的形式，同时也反映了人们头脑中的文化观念。因此，将物理空间与观念空间结合起来，才会使得这次纪念仪式空间的意义开始生动起来，而不仅仅是空洞无物的场所。

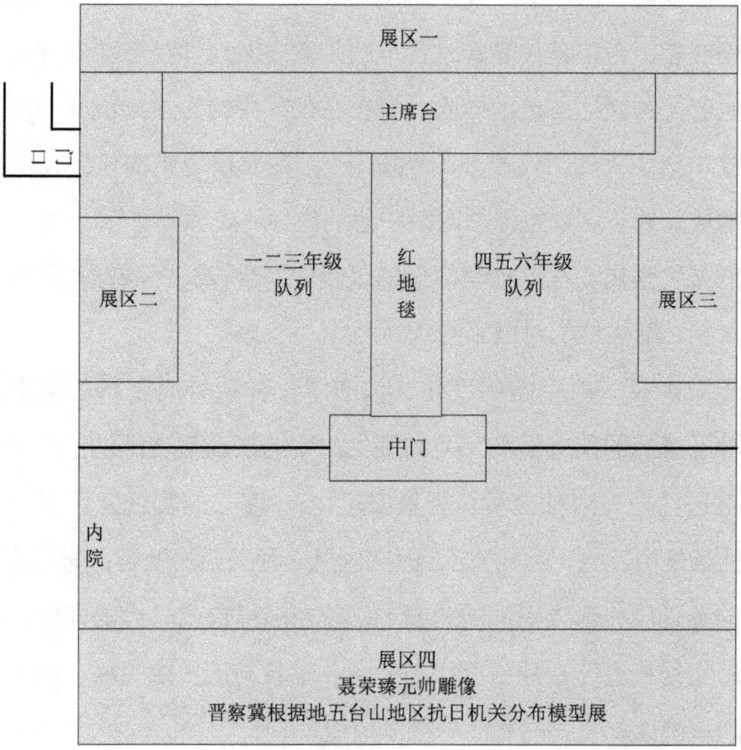

图 2-1　纪念仪式空间结构图

晋察冀空间中的各种事物是关系和意义的集合，交织着参与者的复杂情感体验。以纪念仪式的“主席台”为神圣化区域的中心，其辐射的整个仪式场所也具有神圣性。仪式现场虽然对“局外人”有限定，但是家长依旧好奇地试图看个究竟，不过他们也只能是在神圣空间的边缘，或站在门外。"门槛就是界限，就是疆界，就是区别出了两个相对应的世界的分界线"[①]，"门"将仪式空间分为世俗和神圣两种形态，家长们作为仪式的旁观者并不能进入到神圣的空间内。不仅如此，"主席台"作为仪式展演的中心，是一个神圣区域的存在，也凸显了不同人物的身份、职责与权力，足见接近"神圣区域"之难。宽大的条幅、红地毯、托举的国旗队旗，共同表达着主席台的神圣性，表征着一个正式的仪式空间。领导、学生代表站在主席台的中心位置，以一种"居高临下"的姿态面对台下站着的儿童，台上是权威者，台下是接受者，台下的儿童虔诚地仰视着台上神圣空间的一切，他们无法表达自己的体验。学校在仪式中竭力渲染出一种庄严与肃穆，形成一个巨大的"仪式场""力量场"，在此情境中弱化了儿童原有的身份和地位，处于这种特殊的时空中他们作为"炎黄子孙""华夏儿女"的集体身份得到强化。在这种制度化的仪式中，学校试图激发儿童的爱国情怀和使命感，增强他们对国家的认同感。

由于纪念仪式时空的制度化，构造了一种独特而庄严的氛围，它作为具有神圣意涵的仪式活动，为制度生活中的权威塑造提供了土壤。一方面，时空通过把人的社会活动场景固定化，"使人的实践意识固定在特定的客体性场景中"[②]；另一方面，时空也是一种关系的围场，通过将人集合于特定的场景中，形成不同的力量。C 校在施展自己权力的同时，这种仪式中的时空结构亦无法隔断学校与社会、学校与历史的关联，同时国家的形象仍然在制度化仪式的展演中得以呈现。

---

①［罗马尼亚］米尔恰·伊利亚德:《神圣与世俗》，王建光译，华夏出版社 2002 年版，第 4 页。

②［英］安东尼·吉登斯:《社会的构成》，李康、李猛译，生活·读书·新知三联书店 1998 年版，译序第 8 页。

二、象征符号：神圣的凸显

信仰是一种所有共同体成员都要遵守的基本道德准则，而仪式则是这种道德准则的实践[①]。仪式中的布景和道具充满了象征符号，它是仪式中保留仪式行为独特属性的最小单元，是仪式语境中独特结构的基本单元，主要包括仪式语境中的物体、行动、关系、事态、体态和空间单元等[②]。C校纪念仪式中的国旗、整齐划一的队伍、统一的服饰、嘹亮的国歌等符号，包括语言、物件、行为和声音等不同形式，它们共同构建了一个巨大的表演场，共同塑造出国家的集体形象，体现了一种庄严的秩序感，成为一种外在的规范和标准。实际上，纪念仪式的象征性正是通过这些象征符号、象征意义及象征方式的组合来表达，并通过陈述象征的隐喻来传递文化的意义，进而对在场者的情感、态度和价值观等方面产生影响。

在晋察冀的特定空间中，各种各样的符号被动员起来并被重新赋义，在仪式的展演过程中具有表达不同的象征意义的功能。这些符号的呈现过程，就是国家共同体形成的动态过程。红色不再是普遍颜色的一种，而是象征烈士的鲜血；五星也不再是简单地表达五颗星星，而是隐喻着在中国共产党的周围紧密团结着全国各族人民；儿童的注目礼也不再是日常学校生活的一般礼仪，仪式参与者的想象被调动起来，在他们脑中出现了各种革命先烈们浴血奋战的场景。在由各种符号转借而构建成的具有象征意义的仪式情境中，参与者跳出日常生活而走进了虚拟的世界，他们也许正和先烈们并肩作战。儿童作为仪式参与者获得了一种象征性身份，体验庄严

① 王海洲：《政治仪式——权力生产和再生产的政治文化分析》，江苏人民出版社2016年版，第193页。

② ［英］维克多·特纳：《象征之林——恩登布人仪式散论》，赵玉燕、欧阳敏、徐洪峰译，商务印书馆2012年版，第23页。

的责任和幸福生活的来之不易。

国旗、队旗是纪念仪式中最鲜明、最神圣的象征符号，如同“冠冕”之于加冕仪式、“任命书”之于授权仪式一般重要。它们在学校生活中频繁出现，不仅其表现形式为学生所普遍认同，象征意义也逐渐为大多数学生所理解。其中，国旗象征着国家的主权和国家尊严；队旗象征着作为少先队员的小学生要服从党的领导，承担起“接班人”的责任。作为政治性器物，由于它们有着特定的内涵，其在纪念仪式中已经被内置了相关的政治信息，其象征意义也不会因为仪式场合或表现形式的变化而发生改变。纪念仪式正是通过出旗、奏国歌等象征行为，将国家这个抽象的组织实体化、具体化、符号化，使得国家成为不在场的“在场”，使信念与象征行为社会化。同时，儿童作为仪式参与者，通过这种可见、可感的符号能够产生视觉冲击力和心理明示与暗示，并采用定向编码和定向解码的方式，将其转换为对国家的政治认同。由于受到晋察冀空间的限制，学校无法进行升旗仪式，于是就由两名同学共同托举着国旗，“国家”作为一个想象的共同体[①]，依然存在。无论是在国家层面重大的仪式中还是在学校层面的纪念仪式中，“国旗”“国歌”等象征符号凸显出其“群体性”的特征，都是激发中华民族爱国情绪和情感的触发点，每一个参与仪式的个体都感受着国家的存在，通过符号和仪式的运作形成对国家的认同。“通过仪式能够最清楚地看到，个人在社会中，在国家中；社会在个人中，在国家中；国家在个人中，在社会中。”[②] 六年级的璐璐说，“五星红旗不单单只是一面旗帜，更是我们中华民族坚强勇敢的象征”。

---

① C校每大周（包括两周）举行一次升旗仪式，之前由于缺乏对升旗手的培训，每次升旗时仅仅是播放国歌，同时大家行注目礼即可。即使如此，国家依然通过这种方式传递着自己的价值观念和政治方针。

② 郭于华编：《仪式与社会变迁》，社会科学文献出版社2000年版，第310页。

在学校制度化的仪式中，校服[①]作为学校以物化形态展示自我的方式，同时也扮演了一个仪式承载者的角色，是一种仪式权威性的外在标识，标志着统一的规则和制度。儿童作为仪式的参与者而并非主体的存在，服装则是他们区别于其他不同社会群体的符号和象征物，对仪式之外的人设置了界限，表明他们从个体转换为集体中的一员，强化了儿童的身份认同。“如果脱离一定场合，衣着用品就毫无‘意义’……一旦按一定组合制成套服，它们就会在特定的社会场合中成为特定社会角色的鲜明标志。”[②]参与这次纪念仪式，C 校师生被规定要穿着统一并佩戴象征身份的标识，儿童要求穿校服戴红领巾和校牌，老师则要求穿工作服。五年级的小超抱怨道：“老师说必须穿校服，可是早上我已经把衣服洗了，就只能湿着穿上了。我都快感冒了，还好衣服马上要干了，我就穿上忍一会儿好了，应该不会感冒。哎，我为什么要洗呢？可是老师叫洗的，反正我不是怪老师，是怪自己。”原来班主任提前一天告诉同学们有活动，如果衣服太脏最好洗一下，以表示对烈士的尊敬，所以导致小超的失误。在仪式场景中，这种高度标准化和容易识别的服装，能使仪式成员的角色迅速被辨认出来。不过，儿童戴着统一的黄色帽子，穿着整齐的校服，在制度化仪式中的他们只是作为横轴与纵轴交叉时占据的那一点而存在。

总之，晋察冀空间内的标语横幅、参与者的构成与仪式秩序，这些

---

① 当然，校服的仪式性权威不仅仅是在制度化仪式中，还表现在学校每日检查的规范中。作为一种仪式的替身和规则的校服，可以“以不变应万变”，每天穿着校服，当学校有活动时，就不用愁了。尽管学生对统一的着装、对不更换的校服、对色彩单一等规则不满，却也无可奈何，只能在每次“星期”的时候，换上自己从家里带来的喜爱的服饰，彰显自己独特的个性。

②［英］埃德蒙·利奇：《文化与交流》，郭凡、邹和译，上海人民出版社 2000 年版，第 54 页。

都预示着仪式是由制度内意识形态即价值理性控制的。“仪式把人们聚集在一起，通过这些象征表明他们的忠诚一致，并使他们有一种一体感。”[①]在纪念仪式的进程中，人们创造符号、赋予其意义，并且通过对呈现的象征符号进行编码和解码，成为一种“地方性知识”，发挥其规范和教化的功能。

三、仪式话语：记忆的传递

话语（discourse）是指各种专门知识的交流和表述方式，其目的在于揭示隐含在表述背后的制度性思维、社会界限和权力关系[②]。而记忆则是一个根据现实需求不断对过去进行确认、筛选、改造和重组的过程[③]。只有经过当下话语和需求的建构、甄选，记忆才能实现达到身份认同的目的。仪式话语作为仪式展演过程中的重要组成部分，是一种特殊的表达方式，它不是对外在于自己的行动所做的口头评论，而是把事情落实到行动上，因此也是一种强有力的社会记忆手段。仪式话语所承载的意义，既包括传统的、惯习的价值意义，也包括那些新融合在内的工具意义[④]，能揭示出仪式操演的意图和含义。C 校在这次纪念仪式中的言语表达方式主要包括：主持词、领导讲话、口述历史的发言词。在制度化的纪念仪式中，言说的个体和倾听的儿童之间其实存在着一种非对称的交流，作为参与者的儿童更多的是被要求、被规约。

---

① [美] 大卫·科泽：《仪式、政治与权力》，王海洲译，江苏人民出版社 2015 年版，第 75 页。

② 罗红光：《人类学》，中国社会科学出版社 2014 年版，第 82 页。

③ 缪学超：《学校仪式的文化记忆功能及实现路径》，《教育学报》2020 年第 2 期。

④ 薛亚利：《价值的？工具的？——仪式的意义指向》，《民俗研究》2011 年第 3 期，第 96 页。

（一）主持词：程式化的语言

仪式情境：

> 大队辅导员张老师担任这次主持，整队结束后她开始宣布“奏国歌，全体师生行注目礼”；接着张老师讲解了清明节的来历，让大家了解历史；而后宣布“第三项，有请Z校长讲话”；“第四项，有请杨馆长为我们介绍晋察冀军区司令部旧址纪念馆”，馆长的讲话结束后附上简单的话语表示感谢，“杨馆长的解说真的很精彩！正如杨馆长所说，我们今天的幸福生活真的是来之不易，同学们应该努力学习，将来报效祖国”。随即，按照程序进入下一环节，“接下来进行活动第五项，国旗下演讲活动，请优秀少先队员代表上台主持……”“接下来进行活动第六项：献花，请少先队员代表向革命先烈献花，全体同学向后转……”“接下来活动第七项，请各带班老师带领学生有序参观，参观过程中要做到不追逐打闹，不损害公共财物，要做到文明安全。”

在笔者参与的纪念仪式和学校升旗仪式的过程中，明显感觉到主持词的固定化，多是围绕着仪式流程进行设计，简短、明确而具有指令性，主持人的音调变化也非常有限。从主持词的开始，便知道它是顺着一个固定的流程方向按规则进行的。另外，当主持人说出规定性的语言时，仪式的参与者则被要求做出相应的行为，这种表述方式是具有控制性的、规范性的。非常有趣的是，这种主持词不仅具有操演性，还具有记忆功能。笔者针对不同年级的儿童对仪式流程设计进行过调查，越到高年级他们设计的流程越固定化、越制度化，几乎是统一的答案：介绍来宾—献红领巾—来宾讲话—校长寄语—活动结束。

（二）领导讲话：知识与权力的表达

仪式情境：

纪念活动开始时，Z 校长被邀请讲话，他走上主席台，接过话筒激情洋溢地说道：

> 同学们，又是一年的清明节，我们怀着庄严与崇敬的心情缅怀先烈，接受爱国主义和革命传统的洗礼。在这里，庄严肃穆的气氛，院中的一草一木，陈列室里的文物、遗物，都能让我们回忆起那战火硝烟的年代里英雄们无私无畏的壮举。几十年前，无数烈士用最英勇的方式为共产主义献身；几十年后，作为共产主义接班人的我们，应当为他们自豪并永远铭记那段历史。我们的少先队员，一定要以英雄为榜样，跟着党走，刻苦学习，用优异的成绩和美好的道德，为你胸前的红领巾，为鲜艳的五星红旗增添光彩。下面，请大家举起右手，让我们一起在这些先辈面前宣誓：热爱祖国、热爱中国共产党，遵守学生道德行为规范，诚实守信，严格自律，立志成为“有理想、有道德、有文化、有纪律”的人，将来为祖国的繁荣富强做出贡献！

通常话语与权力紧密相关，Z 校长作为学校的最高领导，在这个严肃的场合表达正式的话语，这代表着学校机构授予他的权威；同时，他的社会地位也决定了校长必须使用制度化、官方化的语言，或者通过指令性的言语行为行使自己的权力。从 Z 校长的话语中，可以看到其中充满了表述知识和权力的话语，话语实践与权力策略互相交织。纪念仪式是知识的一种“活”的表现方式，相对固定的书本文字来说，它以独有的形式和话语来传达其内在的深刻含义。“祖国”作为一个抽象的存在，在纪念仪式过程中，在更大的国家权威之下，作为一校之长的 Z 校长带领着学生一同宣誓，将缅怀先烈或追忆先辈与对学生的期待结合起来，这也是作为学校组织者和领导者的一种承诺。这种宣誓方式增强了儿童参与的热情，但其中“共同预设了某种态度——信任和尊敬、服从、悔悟和感激”[①]，他们在宣誓时做出相应的动作——举起右手，这无形中是否是对学生的教导和规训呢？

“我们”一词在 Z 校长的讲话中被反复地言说，“共产主义接班人的我们”“我们的少先队员”“我们一起在这里宣誓”等，仪式活动中学校“对培养什么样的人，怎样培养人，为谁培养人等问题的表述都充分体现了国家教育方针的要求”[②]。同时，通过“我们”这种人称代词的典型化使用，一种基本意向在仪式参与者中被设定，儿童与之分享着共同的情绪和情感体验，产生凝聚力，共同体也由此产生。在此制度化仪式中，作为个人的“我”在哪？即使有“我”的存在，也是与国家、学校、社会离不开的隐喻。

（三）嘉宾讲述：历史的记忆

仪式情境：

仪式主持人张老师讲述了清明节的来历，即晋文公纪念介子推的故事。接着，她邀请了晋察冀司令部旧址纪念馆的杨馆长为孩子们讲述司令部的故事。杨馆长说道：

---

① [美] 保罗·康纳顿：《社会如何记忆》，纳日碧力戈译，上海人民出版社 2000 年版，第 67 页。

② 平章起、刘爱玲、王贵菊：《学校仪典活动的德育功能研究》，《思想教育研究》2012 年第 4 期，第 21—25 页。

今天是4月3日，咱们C校的师生来到晋察冀司令部，缅怀革命先烈，纪念革命烈士，重温这段光辉的历史，这个意义非常重大。我从2002年分管晋察冀司令部的工作，到现在已经整整14个年头了，我给中央、省、市、县各级领导还有各类社会团体，还有来参观的游客做过几百场的革命史讲解，每当讲这段历史的时候，我的心情都是无比激动。我想各位老师和同学，也一定是庄严和神圣的，但是跟我还是有一定区别的。我像你们这么小的时候，中华人民共和国还处于贫穷落后的时期，我受过不少的苦难，过过吃不饱穿不暖的日子，没有大家现在这么幸福的生活。在我小的时候，在课堂上，我经常能够听到老红军给我们讲他们战斗的故事。也有很多从旧社会过来的人，他们走进课堂，走入校园，给我们讲旧社会对他们的压迫。所以说，在我小的时候就种下了爱国主义这颗种子，也种下了革命英雄主义的这种气节。

其实，我们对现有生活的体验大多来自关于过去的知识。“我像你们这么小的时候”，通过这样的话语，杨馆长在过去的事件和时间中去寻找记忆，体验现在他人的世界。通过回忆和讲述自己从小到大的经历，杨馆长试图与学生找到共同的经历体验，以激发学生的情感。相似的身份和成长环境引起了孩子们的共鸣，从而在心底产生一种亲近感。

杨馆长接着说：

在当今现实社会中，由于自由经济的泛滥，由于我们国家社会制度和社会保障不太健全，社会存在着道德沦丧、贫富差距增大的问题。但是，我想告诉大家，爱国和爱家是一个事情两个方面，我们爱家，我们爱我们个人，没有国家这个强大的后盾给我们做安全保障，我们不可能坐在课堂上上课，也不可能过上幸福美好的生活。我们的国家现在仍然不太平，大家看电视的时候仍然可以看到美国从多方面试图阻碍我们中国的崛起，还有日本等国家，不让我们国家发展壮大，不想让我们过上美好的日子，这就需要我们国家每一个公民，每一位老师同学，很好地做一个好公民，做一个有道德的公民，一个有爱国主义的公民。

面对现在社会生活中出现的价值观紊乱的问题，杨馆长提醒学生要热爱祖国，做个好公民。一方面，他通过对过去历史的回忆，形成一种“历时性”的视野，建立记忆认同的纽带；另一方面，杨馆长结合当下的需要有选择性地讲述和诠释，通过对情境的感染建立起特定的“共时性”视野，促进情感认同。

最后，杨馆长才开始他的追溯：

下面我简短地介绍一下晋察冀军区这段历史，等会你们到展厅慢慢看，有不懂的再来问我。讲这段历史，我们需要讲抗日战争，1937年7月7日的“七七事变”，中国军队奋起反抗，从此全面抗战拉开了序幕。1937年8月22日中国共产党在陕北洛川召开了政治局扩大会议，制定了“北上抗日”的战略方针，红军主力部队改编为国民革命军第八路军，后来根据战斗的序列改为国民革命军第十八路军。1937年9月3日我们八路军的领导机关，八路军的中央总部从陕西过来驻扎在我们五台的南茹村，115师作为抗战的先驱部队经过五台县，绕道河北阜平于9月23日抵达平型关东南的上寨镇。平型关大捷给了敌人沉重的打击，极大地鼓舞了我们中国人民抗日战争的士气，打破日军不可战胜的神话。后来，由于国民党的不抵抗政策，中央军委根据当时的战略形势，对八路军进行了重大的调整和部署，115 师分为三路，当时任 115 师副师长聂荣臻接受中央的命令留守五台山，利用五台山复杂的地形地貌和良好的群众基础，建立敌后抗日根据地。1937 年 11 月 7 日，成立了晋察冀军区，这标志着晋察冀根据地的形成。80 年后的今天，这座院子依然是了不起的院子。这个院子，是当时晋察冀三省的经济、政治和文化的中心，在这里住过我们中华人民共和国元帅聂荣臻将军、白求恩大夫。在抗日战争的过程中，我们五台人民是优秀的人民，我们很多老百姓送儿送郎上战场，给我们八路军放哨、筹备军粮，做了非常大的贡献。期望大家从我今天讲的这段历史中，体会到我们今天幸福生活来之不易，希望各位老师和同学们一定要深刻牢记这段历史，把缅怀革命先烈的这种思想落实到工作中、学习中。今天我就讲到这里，谢谢！

纪念仪式的本体性功能就是要将昨天和今天连接到一起，将存储的传统、历史与记忆传递给下一代。杨馆长根据仪式参与者的特点，结合自己的需要，对过去进行部分的客观描述，为儿童传达了一种经过重构的历史记忆。何谓历史记忆？它是一种集体记忆，是对自己国家过去历史的回忆。具体而言，在仪式的过程中，主要是通过将过去凝结在象征符号、话语体系中，主持者对回忆进行现时化的展演与阐释，从而将自己储存的价值观和行为规范传递给其他仪式参与者，最终构建共同的集体记忆。杨馆长在回忆晋察冀军区的历史时，是从抗日战争开始追溯，重在建立与五台山相关战争的联系，这是对过去历史的一种选择和反思，通过当下的实际情况对历史进行选择性的重构，并通过语言或文字的方式进行传递。在 C

校举行的这场神圣的纪念仪式中，革命烈士战斗的事件被再现，儿童在参与仪式的过程中似乎进入到那个战争年代，神圣化的现实被一次又一次地重演。正是通过在这样一个神圣场地的操演，时间在此刻得以回溯；正是在晋察冀指挥部这样的特定场所，事件结构被赋以现有的形态，时间的差别被抹平，真正的、真实的同一个现实被呈现出来。总之，集体记忆并非是一个既定的概念，杨馆长通过自己对历史和国家的理解，向儿童阐述和传递历史记忆，这是一种社会建构的过程。

如果要将一些应该被铭刻于心的经验和记忆传递下来并保持其现实意义，“其方式便是将发生在从前某个时间段中的场景和历史拉进持续向前的‘当下’的框架之内，从而生产出希望和回忆”[①]。因此，为了建立与当下的联系、寻求对当下的意义，杨馆长还对老师和学生提出了一点“期望”，所提的希望是针对在场参与仪式的所有人，体现了社会结构的要求。在他的讲话中，“我们”被不断地宣称，然而“我们”作为一个复数名词，在这种共同体的世界里，“我们”参加了为纪念“我们”共同的历史而举办的仪式，其中隐含着一个“想象的共同体”（imagined community）[②]。杨馆长通过“我们”来表述曾经共有的历史，分享现有的成就以及对未来的期望，构建了一种群体或民族认同（national identity），表达“我们”不忘过去、珍惜现在、开创未来的决心。这种形式就像杨馆长一人在进行着集体行动，展现出仪式的“共同体维度”（collective dimension），仪式参与成员有着“集体人格”。“在宣称‘我们’的时候，参与者们不仅相聚在一个可以定界的外部空间，而且相聚在一个由他们的言语行为规定的理想

---

①［德］扬·阿斯曼：《文化记忆：早期高级文化中的文字、回忆和政治身份》，金寿福、黄晓晨译，北京大学出版社 2015 年版，第 6 页。

②［美］安德森：《想象的共同体：民族主义的起源与散布》，吴叡人译，上海人民出版社 2003 年版，第 17 页。

空间”[①]。也就是说，这个共同体虽然在“此时此地”，但是对于五台人民、对于中华儿女来说都有着共同的身份特征，都需要铭记这段共同的历史。意在凸显“我们是谁”“我们该怎么办”在这种制度化的纪念仪式中，更多的是呈现出集体的“我”，但不是作为个体的“我”。

四、身体实践：习惯的操演

身体在记忆中发挥着重要作用，通过仪式的手段社会准则被铭刻在个体的身体之中，同时一个人或一种文化的社会自我也在仪式中得以表达，在这样的过程中个体获得必要的能力，并转变为自身的实践知识。由于仪式具有操演性，仪式参与者能够凭借身体操演将生活中看不见、摸不着的文化观念转化为切身体验，进而实现文化的“实体化”和“活态化”传承。结合五台山当地独特的文化资源和地方性知识，C 校在纪念仪式中通过追忆历史、播放国歌及革命歌曲、行礼致敬等环节与程序，让儿童表达对革命先烈的纪念之情。儿童的身体在仪式操演的规定套路中被赋予适当的姿势和动作，身体实践作为一种操演话语，成为理解纪念仪式的重要途径。因此，通过对儿童身体实践的描述和分析，考察制度化仪式对群体记忆的塑造以及对儿童成长可能产生的影响，就显得较为重要。

（一）身体实践塑造共有记忆

身体是角色的实际承担者[②]，任何一种角色实践活动脱离身体，就等于失去了载体和目标。纪念仪式作为学校德育制度设计、程序设计和规则设计

---

① [美] 保罗·康纳顿：《社会如何记忆》，纳日碧力戈译，上海人民出版社 2000 年版，第 67 页。

② 刘晶：《论中国共产党入党宣誓仪式三重功能——以塑造宣誓者党员角色为视角》，《三峡大学学报（人文社会科学版）》2021 年第 4 期。

的重要环节，通过对仪式参与者身体的塑造，能够达到儿童对少先队员角色、对社会主义建设者和接班人角色的强化和认同。就身体实践的存在方式而言，儿童的“立正、齐步走、原地踏步、注目礼、唱国歌、敬礼”等一系列固定的姿势和动作，几乎不会脱离纪念仪式的场景而独立存在。虽然仪式中的“一举一动”都呈现出“刻板的机械性”特征，但其中任何“一招一式”都不可省略。纪念仪式中这些固定的姿势和动作会不断地被操演，而这种身体实践的重演性对塑造儿童共有的社会记忆有着重要作用。不同于仪式语言中的话语表达，这些身体实践摸得着、看得见，“这种‘说话’使得它们的操演之力（performative power）及其作为记忆系统的效用，都成为可能”①。同时，仪式的姿势、手势和动作使交流减少许多阐释上的疑惑。

儿童需要无条件地服从纪念仪式规定的动作，这与日常生活中行动的随意性不同。若是他们不遵从这些具有仪式价值的动作，或者做出与此不相符的举动，例如嬉笑、打闹等，就会被看作是对仪式群体的不尊重，甚至可能受到相应的惩罚。因此，儿童一般都会按照学校的规范、制度进行身体实践的操演。即使低年级的儿童并不能理解纪念仪式的价值，教师也会强制性地要求他们“不能乱动，目视前方，不要交头接耳，眼睛看着国旗”等等。而这些正是纪念仪式的核心机制，不断地操演类似程式性、重复性的动作，同时也表明纪念仪式并非因一时冲动而展演，而是要严格遵守传达信息和情感的方式。如涂尔干所说，“正是对同一对象喊出同样的叫声，说出同样的话或者做出同样的动作，人们实现了言行一致，并感受到这种一体性”。②

---

① [美] 保罗·康纳顿：《社会如何记忆》，纳日碧力戈译，上海人民出版社 2000 年版，第 68 页。

② Emile Durkheim：*The Elementary Forms of the Religious Life*，Florence：Free Press，1915:153.

纪念仪式中出现的姿势和动作可以被理解为是身体上的习惯记忆，通过重复性动作的操演，形成自己固有的和基本的行为方式。C 校在日常的学校仪式中，例如每周的升旗仪式都会按照程序进行整队，每个学生都有自己固定的位置和空间，都必须是固定的立正姿势；在立正之前，由老师或学生代表边吹口哨边领着学生踏步，以此整顿混乱的队形，学生在“1、2、1”的节奏中踏步；看到国旗要行注目礼或敬礼……这些不言自明的“隐形规矩”已经成为约定俗成的默契。无论因为何种动机，重复的身体操演最终都会使得儿童的身体得以驯服。当然，我们可以看到在仪式过程中呈现的状态，高年级同学的表现优于低年级，原因在于年级越高受控于重复性指令的时间越久，因此经过不断地重复操演，他们逐步形成了服从规范的行为标准，在身体操演的过程中，高年级儿童面对指令的表现更自然，不会茫然失措。

（二）身体实践表达权力和等级

学校教育是仪式得以实施的场所，甚至可以说，学校教育本身就是一个能够维持既定社会秩序，并且传递既定意识形态的昂贵仪式[①]。在仪式中，不同的身体姿势代表着不同的权力程度，传递和维护着权力与等级的意志，“当一个人坐在高处，每个围着他的人都站着的时候；当一个人站着，其他所有人都坐着的时候；当某人进来，屋里的每个人都起立的时候……我们知道其中的意味”[②]。立正行礼的姿势是儿童对受礼者或象征符号的敬意，这些身体实践表达着强烈的国家意志，也是一种权威的彰显。

① 钱民辉：《论美国学校教育制度的实质》，《北京大学学报（哲学社会科学版）》2001 年第 2 期。

②［美］保罗·康纳顿：《社会如何记忆》，纳日碧力戈译，上海人民出版社 2000 年版，第 92 页。

随着仪式进程的推进，身体实践表达的权力和等级关系也随之发生改变。在纪念仪式开始前，此时的组织结构是“领导—教师 / 学生”“教师—学生”“学生代表—学生”间的不同社会角色的权力和等级地位。儿童按照仪式主持人的口令做出“稍息、立正”的相应动作，各班两位老师则被要求站在班级队伍的前面和后面，以便随时纠正儿童的不规范行为；托举国旗的儿童在整个纪念仪式中，都处于主席台的位置，不用跟随教师口令参与整队，在奏国歌行注目礼时国旗成为焦点，他们自然也成为注视的焦点。仪式结束后，问及他们的感受，都说“很开心啊，站在队伍的前面，很光荣”，“好是好，不过就是太累了，一直举着都不敢放”。当仪式进行到奏国歌环节时，儿童、教师与领导间的权力关系暂时消解，成为一个彼此无差别的群体，大家都必须服从国家的普遍权威，属于国家的一员。国旗作为国家权力的符号而存在，将国家形象嵌入到仪式参与者的价值观内，使其自觉或不自觉地遵从国家权力不在场的“在场”。后续的仪式环节中，之前领导 / 教师 / 学生的等级关系又重新凸显。

在纪念仪式中，儿童处于一个相对封闭的物理空间，有着固定的空间位置安排，被明确告知其身体做什么、怎么做，不得随意更改。儿童作为纪念仪式的参与者、行动者，也是身体角色的被形塑者，需要采用一定的规则性以克制身体行为的自由、随意，为纪念仪式营造出一种神圣、庄严的氛围提供空间。他们的表情、手势、站姿等身体实践，之前被认为是具有生物和物理意义的功能行为，但是在仪式情境中就被改变了，成为权力意志塑造的结果，是对身体角色的规范化训练。“立正”“踏步”“齐步走”“喊口号”和“行礼”等都是在仪式主持人的口令中完成的，同时也会在每周的升旗仪式、每日的课间操等其他学校制度化仪式中被不断地、重复地操演。

在仪式中，儿童身体的操演动作隐藏着权力的规训，以及社会秩序结构的维持和政治意识的传达。学校通过一系列重复的仪式，每个人的身体得到驯服，以此来巩固对神圣的确认。福柯曾大篇幅地谈到身体被规训的生动场景，“动作被分解成各种因素，身体、四肢和关节的位置都被确定下来。每个动作都规定了方向、力度和时间，动作的连接也预先规定好了。时间渗透进肉体之中，各种精心的力量控制也随之渗透进去”①。纪念仪式因其特殊性，一年一次的频率，然而将重复化、程序化的行为嵌入其中，儿童在这种神圣的仪式情境中依然被制度化、被规训。

五、情感契约：国家的神话

晋察冀司令部旧址就在C校附近的村子里，有些住在村里的儿童对此仪式并未表现出多大的兴趣，“没意思，我家就住在附近，都来过无数遍了”，“虽然我来过很多次，但是第一次与同学们一起在这里举办活动，还是挺兴奋的”。仪式具有象征性、情境性、参与性等特点，在特定的场域中由精心编排的象征符号组合而成的环境，使得作为仪式参与者的儿童能够在用心感受、深刻体验的过程中获得精神上的满足和释放，实现现实世界和想象世界的沟通。在这种神圣的仪式空间中，儿童自然也会有一种象征体验，这些象征体验使他们产生深层的感受，在与未知力量的交流中，引导着他们进入精神层面的思考。因此，仪式结束后笔者对同学们进行访谈，了解仪式对个体情感的效果如何。

（一）对制度化学习的逃离

五年级的小羽说：

当我跟着队伍来晋察冀司令部的时候，心里很兴奋，终于

① [法] 米歇尔·福柯：《规训与惩罚：监狱的诞生》，刘北成、杨远婴译，生活·读书·新知三联书店2003年版，第172页。

出来了。我像一只被关在笼子里的小鸟，终于可以逃脱牢笼飞向外面了。来到这里之后，我们就站在下面听，讲话的在上面，前六项任务终于完成了，第七项是自己参观每个房间。参观完了里面的所有东西，又开始整队。哎，我又要变成一只笼中之鸟了。不过这样挺好，长大后就可以飞出笼子，永不再是一只笼中之鸟！

对小羽来说，仪式中的讲话环节、队伍整顿，都让她不断感觉被制度化、被限制。对于她而言，纪念仪式的程序不是一套“自选动作”，而是一套“规定动作”。仪式的内容、过程于她并不重要，她更在乎的是可以暂时逃离严肃的课堂、紧张的学校，“像逃脱牢笼”的小鸟，庄严肃穆的纪念仪式成为一种放松的方式。

（二）对仪式内容的错乱记忆

六年级的小涛说：“仪式非常隆重，就像电视里的一样。活动举行的时候，上面有位老师是主持人，其他的我也不知道，我偶尔听到一位老师讲关于清明节由来的故事。”五年级的星星说：“那时有些战士因为吃不上食物，把身上的肉挖下来给他们吃，他们吃完后才知道是那个战士的肉，感动得流下了眼泪。”星星把晋文公的故事与八路军的故事混在了一起。

儿童是学校教育的主体，他们认知的发展也是学校教育的目的。而纪念仪式的举办是为了怀念英雄、铭记历史，更是为了让儿童能够珍惜当下的美好生活，如果没有达到这种效果，仪式功能就没有发挥到位。因此，这就需要学校深入挖掘仪式的深刻内涵，关注仪式动向、观察儿童反应，思考会给自己的日常教学实践带来怎样的影响、给予怎样的反馈、做出怎样的调整，这些都是教学者应该思考和重视的问题。

（三）对仪式情境的感同身受

制度化的纪念仪式还调动了儿童的想象，孩子们用电影形象来表达对烈士的敬佩，在想象中进入和体验仪式创造的情境，在儿童自己参观司令部旧址的时候，笔者趁机询问他们的感受：

> 看到八路军军服上面有血，就让我想到当时八路军战士用战刀去杀敌，然后血就落到身上。看到这把枪，我就想到这位八路军战士死后，日本人就追了过来，队长说："撤！"他们就全撤了，日本人没追过来时战友把死去的同志背回去，然后八路军战士就把这位同志给埋了，最后把这位同志的军服和枪拿回来放到这里。看到日本司令官的照片就让我很生气，因为日本人占领我们中国人的土地，还扼杀我们中国人，他们真是太无耻了。——四年级的小杰
>
> 在这个院里，我好像看到了聂荣臻将军拿着手枪，说："你们是不是八路军？"同志们齐声喊"是"。"是，就跟着冲上高洪口，把日本人、小鬼子围剿，消灭小鬼子。""把小鬼子赶出中国"，同志们齐声回答。我又想到彭德怀将军拍拍聂荣臻将军的肩膀，说："这次一定要让小鬼子来得容易去得难。"——五年级的小楠
>
> 我站在这里仿佛看到了聂荣臻将军在看着战士们认真地练兵。他在地图旁边跟大家讲解，从什么地方攻打高洪口，在高洪口打敌人时把高洪口的所有出口都全部封住。红军战士们举着枪把敌人围成一团，聂荣臻将军说"缴枪不杀"，敌人赶紧把枪扔下了，我军大获全胜，我军获得了大量武器，而且俘虏了大量敌人。——五年级的小洁

美国人类学家格尔兹（Clifford Geertz）提出，文化是对符号结构的建构、理解和运用，是可感知的形式，所有的文化行为都是象征符号，人们主要是依靠象征符号表现自身的情绪，并具体体现在仪式行为上。C 校通过举办晋察冀的纪念仪式虽然构建出的是一个虚拟世界，但是儿童的情感和体验却是真实的。各种烈士图片、塑像、视频等符号组合成了具有象征意义的仪式情境，儿童处于此种特殊的情境中，也跳出了日常的学校生活，通过自己的想象进入到这种虚拟的仪式世界中，他们也许正和烈士们一起攻占高洪口，也许正在听聂荣臻元帅指点江山。这些根本不曾经历的事件、不曾接触的人物，在特定的场合以鲜活的形象存活着，超越时空、沟通古今。学生不仅用记忆中的故事、感受和知识，也用现场唤起的情感和想象力再现他自己理解的战争，这不仅打破了知识和叙述的前后关联，而且将其感受最深的形象与概念想象一并表达出来。对于学生而言，这是一种别样的情感体验，异于从日常生活世界中获得的体验。

（四）对仪式象征的神入

纪念仪式的政治意义在于依照仪式程序，对儿童的“社会主义接班人”角色进行权威公证和认可，使其“合法化”。在纪念仪式的过程中，向烈士行注目礼、向烈士献花、参观烈士的历史故事等行为，儿童作为一个集体共同表达对烈士的敬佩和怀念之情，他们成为孩子们心中的“偶像”和“学习对象”，仪式的效果被升华、仪式的政治目的得以实现。同时，在仪式化的虚拟情境中，儿童获得了一种象征性的身份，体验到了庄严的责任和幸福生活的来之不易。于是，学校教育在制度化生活中宣扬的爱国主义、艰苦朴素、勤奋好学等品质，通过这种制度化仪式的手段得到传递和再生产，达到“润物细无声”的教育效果。仪式结束后，儿童在仪式操演过程中获得的象征意义和象征性身份也将渗透在其内心，使其更为积极地投入新的学习和生活。

我看到过去人耕地用的东西，在我记忆里，小时候我们家在种地时也用过，但是耕完地后是非常累的。不过现在种地就很方便了，有拖拉机，不过这些发展都离不开战争时期抗战先烈的牺牲和保卫。——六年级的静静

令我印象最深的是桌子上的马灯，战士们就在昏暗的灯光下想出战争胜利的好办法。我们却在灯光下玩玩闹闹、一事无成，在洁白高大的教室中生活学习却满不在乎，不懂得珍惜。——五年级的小敏

我的心情是难过的。在看那一段视频时，看到战士们吃的是野菜，穿的是布鞋，根本没有现在这么好的生活。他们是我们的榜样，更是中华民族的骄傲。我们要好好学习，使自己成为栋梁之材来回报祖国，回报在战场中的烈士们。——四年级的小峰

参加完这个活动，我的梦想就是要长大后参军，为我们中国争光。现在我知道了中国的英雄好汉非常重要！所以我要好好学习。——四年级的英儒

仪式以戏剧即虚构的场景来体现日常生活中最本质的规范，从而教导个体进入新阶段后所需要遵循的轨迹。四年级的小楠在与笔者分享时说，“看过后，可想哭了，非常难过，革命先烈们做出了贡献，我们要好好报效祖国”，并流下了伤心的眼泪。短暂的仪式活动，使得儿童个体在虚拟与现实的跃迁中暂时得以释放，想象得以放飞。自由参观过程中获得的情感体验，绝对不亚于固定化、制度化的纪念仪式中预设和期望的某种态度——信任和尊敬、服从和感激。在整个仪式展演过程中，儿童不仅获得了阐释社会的思维方式和共同记忆，形成了家国观念、群体观念、自我观念，还基于此不断建构着“要好好学习”“要好好报效祖国”的生活意义。

“国家神话”的构建离不开仪式，也离不开教育过程。学校是国家正式的、制度化的教育机构，也是为国家培养未来接班人的主要场所。“信仰内藏于心，在某种意义上不可捉摸，而仪式公开表达出对群体状态的接受”[①]。儿童面对国旗、队旗行礼，唱国歌，这并非是一种实用性的行为，而是借此表达出自身对国家的忠诚，达成了自己与国家之间的“心灵契约”关系，能够形成儿童恪守“做共产主义接班人”信念的政治约束和道德约束。在此意义上，国家意志和权力渗透进了学校以及学生的日常生活中。“组织自身只能象征性地得以呈现，所以个人对组织的忠诚也只能通过象征表现出来。”[②]因此，除了日常生活中的潜移默化外，学校也希望借助此类具有象征意义的、制度化的纪念仪式打通传统与现代，唤醒儿童的某些集体观念和情感，把个体归为群体，把现在归为过去，传递国家的神圣与伟大，同时也是对国家倡导纪念仪式作为思想政治教育手段的一种回应。

学校制度化的仪式将外在的权威内化为儿童内心的权威，即内心的神圣，儿童只能完全服从。笔者通过对儿童参加纪念仪式后的情感进行访谈，发现纪念仪式凸显出儿童特有的信仰角色体验，划清了与其他政治仪式的边界，这种边界不是自然地理边界，而是情境性、建构性的思想信仰边界[③]。儿童个体与社会之间似乎达成了一种情感契约，一种对国家和民族的信仰认同，国家的神圣性在对历史的回忆中得到巩固和证实，对国家的信仰进一步渗入到儿童的精神世界中。郭于华提出，“仪式既是一套被传统所

---

①［美］大卫·科泽：《仪式、政治与权力》，王海洲译，江苏人民出版社 2015 年版，第 79 页。

②［美］大卫·科泽：《仪式、政治与权力》，王海洲译，江苏人民出版社 2015 年版，第 21 页。

③ 刘晶：《论中国共产党入党宣誓仪式三重功能——以塑造宣誓者党员角色为视角》，《三峡大学学报（人文社会科学版）》2021 年第 4 期。

规范的生存技术，又是一套由国家意识形态所运用的权力技术”，纪念仪式在国家意识形态的框架内，也始终带着“国家在场”的“规训”标签。“国家是不可见的，它必被人格化方可见到，必被象征化方能被热爱，必被想象才能被接受。”[①] 从抽象到具体、从历史到现实，国家在这种制度化的仪式中通过共通的想象、跨越时空的限制，构建自己的神圣性，成为仪式参与者的共同信仰体系，成为一种超然的社会存在。总之，国家以制度化的仪式形态实现不在场的“在场”，不断地塑造儿童心中的“国家神话”。

第二节　捐赠仪式：社会的“礼物”

学校在为仪式提供空间的同时，也将其自身融入到更广阔的社会结构中。这主要是因为许多学校仪式不仅仅是由单一的学校组织完成的，还存在各种复杂多元的关系网络，由有形和无形的力量不断重组，例如学校举办不同仪式时通常会邀请各级领导、社会人士或学生家长共同参加，使得学校通过仪式的方式嵌入到更大的社会结构中。

一般来说，一所学校的办学状况与它所处的社区很有关系。位于知识分子聚居区、政府机构家属区、城市中心地区的学校往往都会办得比较出色，无论是教学质量还是教育资源的投入都更加优质。但是普通居民区、贫困地区或者农村地区的学校往往较差，存在经费投入少、学生生源差、教学质量低等问题，这些都会严重制约学校的发展。C 校老师告诉我，“对于老师来说，我们这里比较偏，学校的经费也有困难，老师们出去学习交流的机会也不多，这么些年来我们都是自己闭门造车，不知道外面的世界”。从孩子的家庭条件来说，“这里学生家长的文化背景都不太好，很

① 郭于华编：《仪式与社会变迁》，社会科学文献出版社 2000 年版，第 343 页。

一般。家长忙于赚钱，解决生计问题，也没有什么时间管孩子，特别是星期、节假日的时候，正好属于旅游旺季，孩子放假回家根本没有人管。孩子们家里经济条件不好的一般都会就近入学，不会去县城或市里”。这也就导致了老师们所说的大部分孩子的现状，“我们的孩子没有见过多少世面，很多还未出过村子呢，都比较害羞”。笔者在C校调研期间，参加最多的是捐赠仪式，捐助人员包括企业家、教育者、慈善人士等；捐助物资或大或小，多则十几万，少则小量的学生用品；或是针对学校的需要捐助物资，或是针对贫困学生捐款捐物。

为了表达对爱心人士的感激，学校不定时举办捐赠仪式。有时学生上课期间，被突然通知外出集合，问及学生是否知道什么活动，他们也是一脸茫然。待到经典歌曲《感恩的心》的音乐响起时，方才猜测可能有人捐款，或捐物资了，学生对此似乎见怪不怪[①]，只是兴奋于不用上课。当然，其中不乏有被爱心人士的善举感动的孩子，“我觉得世界上如果有许多‘爱’能够汇聚在一起，地球就会变成一颗‘有爱之星’。我以后也要发愤图强，做个有成就的人，并把我的爱心播撒到全国各地，让所有人都能感受到我的爱心。我也会努力并鼓励其他人对这世界献出一份爱心”[②]。不过，也有一些孩子认为捐赠仪式很无趣[③]，甚至还有的学生会认为爱心人士的捐款有些少。

刚到C校的时候，经过初步了解情况就知道每个班级单亲、丧亲的孩子特别多，校长最初给我的解释是“可能是地方文化吧”。“地方文化”的

---

① 在仪式现场，我问四年级的小任：“你们经常有这样的捐赠会吗？”他回答：“是啊，基本上一星期一次。”虽然没有孩子说得这么夸张、次数这么频繁，但看得出来，孩子们对此已经习以为常了。

② 2017年5月10日一场捐赠仪式后，五年级WH告诉我她的感想。

③ 四年级的小昕、小晨都在捐赠仪式后谈道：“捐赠仪式，我觉得好无聊啊！”

答复让我感到很意外，看到我依旧不解，校长继续说道："一是，我们这里是贫困县，很多男人娶不到媳妇，就到四川、广西、云南、贵阳等地买媳妇，花个 20 万，但是这些女人生完娃后就离开了、跑了；二是，娶附近河北的媳妇，也是容易跑回去；三是，自 1998 年五台旅游开发后，人们富裕了，男的有了小三，女的和人跑了，也不管娃娃们。"由于 C 校地处五台山佛教圣地，加之学校确实在学生补助、学校设备方面存在困难，随着 Z 校长人际圈的不断扩展，贫困生的问题有所缓解。与儿童最为直接相关的是"仁爱助学"的捐赠仪式，笔者在本小节将通过对助学仪式的介绍，从学校文化系统、儿童自身感受出发，描绘出儿童个体在仪式中的情感体验。

一、仪式情境：仁爱的精神

2017 年 7 月 1 日下午两点，C 校全体师生集中于教学楼前的操场，举办助学捐赠仪式。在主席台右侧摆放着 30 多份爱心包裹，每份包括一桶油、一袋大米和一袋面，这是捐赠给单亲贫困学生家庭的物资。台上坐着 C 校领导、北京 RA 慈善基金会的相关负责人、仪式主持人，台下则站着全体学生、任课老师，以及来自北京 RA 慈善基金会的 20 多名志愿者。C 校大队辅导员张老师介绍完来宾后，由 C 校少先队员给台上领导敬献红领巾。

基金会助学部的钟秘书长发表了讲话，一改往日学校仪式的交流形式，钟秘书长以互动的方式开场。指着操场上穿着黄马甲的志愿者，问道："同学们对我们志愿者们有什么印象，觉得他们好吗?"学生们大声回应"好"。当时我为了方便拍照，站在队伍的中间，顺势问了站在旁边的孩子："真的好吗?"他说："其实我也不知道，大家都这么说。"原来在这样的提问下，孩子或许就只能回应"好"。"好在哪呢？觉得他们可爱吗?"此时，现场没有像刚刚那么响亮的回应声，只有零星的声音飘出来。钟秘书长风趣地说：“还真有说可爱的啊，他们真的没有你们可爱，你看这个小姑娘多么可爱”，边说边指着一年级的果果。“我们这些志愿者来自社会各个阶层，他们并不是专职做慈善的，都有各自的工作。但是因为慈善，我们走到了一起。有没有人知道‘慈善’是什么意思？大点声，说出来。”现场一片安静，未等回应，钟秘书长一边指着自己头上的帽子一边说：“大家看看我头上的这顶帽子有什么？”她戴着一顶蓝色的帽子，帽子两边长着白色的翅膀，孩子们很配合地回答，“翅膀”。当钟秘书长继续问：“翅膀是用来干什么的？”大家居然异口同声地回答：“飞。”“是不是都想飞啊，但是我们当然飞不上去，它代表着一个意义，代表我们的梦想可以飞翔。我们志愿者因为在做慈善的过程中，感受到了快乐，所以才会聚在一起。因为有了慈善，我们更快乐；因为有了慈善，我们的心、我们的梦想就能够飞翔。可能大家现在对公益还没有什么理解，但是我可以保证地告诉你们，如果大家有机会参与到公益慈善中，就会变成一个非常快乐的人，你的梦想也会因为你的行为而起飞。我们今天给学校带来的物资，或者是一些捐赠，其实并不代表什么，更重要的是希望所有参与其中的人，能在这个过程中得到快乐，得到真实的成长。那我就先讲这么多吧，谢谢！”

在钟秘书长简短的讲述中，她试图通过运用“好不好”“是不是”等简单提问，来弱化对立的气氛，缩小与儿童群体间的心理距离，同时获得孩子们的回应以增强互动，建立与他们的情感连带。较于平时各类制度化学校仪式中呈现的强制性、官方化的特征来说，是很少存在的现象。但同时值得思考的是，“好不好”“是不是”“对不对”等二分式提问，或许只能得到儿童习惯性的回答“好”“是”“对”，这些表面上达到互动的策略，实际能否激发儿童情感，则是一个需要探讨的问题。

> 之后，基金会以现金的方式捐赠物资，包括5台消毒柜、220节学生储物柜、60套被子床单，合计42320元。Z校长从基金会陈部长手上接过象征“42320元”现金的卡纸，向基金会表示感谢的同时也对学生提出了期望，“希望咱们的同学在今后的学习中更加努力，更加发愤图强，接受新的思想，才能飞得更高，飞得更远”。
>
> 仪式最后，校长用简短的话语点明了摆放在主席台上的油、米、面是基金会捐赠给学校的贫困生家庭。仪式活动也在校长的发言和学生的掌声中结束。

鼓掌或许是儿童在此类仪式中唯一被允许的动作，由于仪式的重复操演性，儿童一般在代表说完“谢谢”，抑或是在捐赠物资的时候，甚至有时主持人中间稍有停顿学生们就会鼓掌[①]。学生鼓掌有时并不是出于对领导或讲话者由衷地敬仰、赞叹，而只不过是他们“仪式化”的动作而已，他们更多的是在完成一种既定的程序而非其他。从主持人的隆重介绍、学生的鼓掌欢迎等程序，权威、权力、等级观念被强化。

类似的捐赠仪式还有很多，学生大多被安排按照规定的位置站好队，主席台一般设置在教学楼大门口，五级台阶构造了台上台下的空间，根据领导嘉宾的人数，搬上几张桌子一拼，红布一铺，在桌子的两侧分别摆上盆栽，

---

① 2017年5月10日，C校曾因企业家捐赠办公室（合计25万元）而举行过一场捐赠仪式，短短的半个小时中，我数了数，学生共鼓掌41次。

构建了一个“神圣”的仪式空间，不变的主旋律是《感恩的心》。捐赠方讲话、景区领导讲话、捐赠物资或现金、校长讲话、学生解散、老师与捐赠方合影，简单的几个词即勾勒出捐赠仪式的流程，学生的主体似乎只是为了围观。笔者无意关注这些捐赠仪式的过程，更想通过捐赠仪式这扇窗户来探究社会人士和学校的文化模式，了解捐赠仪式会对学生产生何种影响。

二、文化模式：从礼物到“礼”

因为地处经济落后的山区，C 校则承担着特殊的使命。Z 校长说：“学校始终把对学生的爱作为生命的源泉，一切工作的开展都是以爱为起点。我一直告诉老师们，我们当老师啊，没有别的想法，如果你仅仅把它当作一个事情来看，那也就是挣了钱，反正你怎么混也能拿到。但是如果你把这个当一个事业来做的话，我感觉这里边的文章大有可做，我们也一直在努力。2015 年学校刚刚搬下来的时候，发现一个问题，因为我在景区里面也待了十来年，也当了七八年的校长，发现大家对五台山这个地方的人有个误解，都以为五台山很有钱，其实五台山贫富差距很大，尤其是咱们这个地方的学生家庭，单亲家庭比例很高。通过多次家访，我再一次意识到这个问题的严重性。家访之路是教师三尺讲台的深刻延伸，我们任重道远啊。所以，资助这些贫困生成为学校急需解决的问题，通过国家的支持及我周围的人脉关系，目前我们学校陆陆续续‘一对一资助’的就有 30—40 位了，基本能够解决日常的生活费用。当然，我也知道，无论怎样努力，都无法将多年贫穷在孩子心中磨出的孔洞修复如初，但学校只能尽己所能在孔洞里填上沃土，植入种子，让它去拥抱阳光和雨露，慢慢成长。不管怎么说，C 校要参与到贫困孩子的成长中，不仅是物质的更要从精神层面，与孩子们同在。”Z 校长对孩子的关心和爱从话语间、从眉眼间流露出来。在行动方面，C 校通过家访、贫困生信息表登记的方式，建立起以图片、文字为载体的较为完善的贫困生档案，以此真实地呈现儿童的家庭状况和生活环境。C 校也希望通过增加家访的深度和厚度，在对孩子原生家庭有了深度了解之后，转化为对孩子们更加深刻而有意义的爱。之后，一旦有社会人士来校想要资助学生时，相关负责人就会拿出贫困生档案以供参考。

与多次参与家访的 Z 老师交谈时，她向我讲述："从前几次的家访中，我们可以看到一些事实：越深的山沟，家庭健全度越高，一家老小共处一室，年轻的种田养鸡，年老的守家做饭，穷，但温馨；相反在景区中，高楼显院的旁边会有毫不起眼的小户穷得无米下锅。一辆辆小轿车、旅游观光车所经之处贫富分化太过严重。也许是金钱驱使利益浮动，让这里的许多母亲把本该是天底下最伟大的爱——母爱，带去得无影无踪、绝决而干脆。留守儿童不断增多，太多家庭支离破碎。"在我家访的五个贫困生家庭中[①]，正如 Z 老师所说，学生的情况大致相同，母亲是外地人，生完孩子后走了就再没有回来，大多由爷爷奶奶照顾。其实，孩子们所遭遇和承受的，并不仅仅是我们所看到的衣着破旧和状态消极。年迈的祖父身形佝偻力衰多病，却还得面朝黄土背朝天维持生计；年轻的父亲早早被生活的沉重压弯了臂膀，两鬓飞霜；还有自幼缺席的母爱等等，这些都让他们过早地体会了凄凉。

在学校贫困助学的宣讲会中，负责助学的 L 老师经常会对学生讲道："你们父母寒暑假打工回来，应该想着给别人打上一个电话，给别人寄点蘑菇、特产什么的，这点礼貌还是要有的吧。另外，我们接受了别人的帮助，就更要好好学习，比别人还要更加认真。"L 老师说的也不无道理，但

---

① 在田野期间，笔者分别在 2017 年 7 月 1 日家访三名学生，2018 年 1 月 6 日家访两名学生。

是Z老师却提出了不同的看法："给孩子贴上被帮助的'贫困生'标签，本来是要平等化，却反而更加强烈地把他推到其他学生的对立面。传达感恩之心是有必要的，但该是'爱的传递'，我们接过这爱心之棒并希望将它传出去，并不是一种交易，一种标志我们与他人不同的标签。"

之所以每次会为社会人士的善行举办捐赠仪式，Z校长认为仪式最重要的意义在于感恩、铭记和传承：

> 谁的钱都来之不易，他们愿意把自己辛辛苦苦打拼所得，拿出一部分来帮助我们，为C校的成长注入大美与大爱，我们必须以这种仪式来表达我们心中的感谢和努力的决心。同时，希望借助仪式让全体孩子们铭记并珍惜每一份对我们的爱心，我们才能真正成长为一个有前途、有希望、充满无限正能量的集体。更重要的是，希望所有从这里走出去的同学，能够传承这种善良与仁爱，懂得去帮助需要帮助的人，懂得去积极承担社会责任，做一个永远充满爱心、积极向上的人。

在人类学的研究中，物不仅仅承载着自身的物性，同时还被赋予了重要的文化意义[①]，人与人、人与社会之间通过物而紧密相连。马林诺夫斯基在《西太平洋上的航海者》中提出的"库拉圈"，就是通过流动的物所形成的独特交换体系，以此发展他们的个人社会关系，建立个人的地位和荣誉[②]。马歇尔·莫斯则通过礼物之灵——"豪"的概念揭示物所具有的流

---

① 王眉钧：《礼物研究与物的崛起》，《甘肃社会科学》2019年第5期，第95—102页。

②［英］布罗尼斯拉夫·马林诺夫斯基：《西太平洋上的航海者》，张云江译，九州出版社2007年版。

动性，以此阐明人与人、人与社会之间存在的互动关系[①]。而马歇尔·萨林斯在《石器时代经济学》中把礼物交换和商品交换联系起来，认为二者其实是一个连续的统一体，提出“亲属关系的距离是从一个端点向另一个端点移动的关键变量，陌生人之间是商品交换，亲属之间的交换是礼物交换”[②]。无论是作为社会功能与结构的附属物，或是表征意义的符号，还是参与建构人类社会文化的行动体[③]，对礼物交换的研究是人类学领域的重要部分。另外，我国传统文化一直讲求“礼尚往来”，这里的“礼”隐含着双重含义，一方面是物质形态的礼物，更为深层方面的“礼”则是指人际关系、社会伦理。因此，礼物作为交换的媒介，我们不能仅仅看到其社会物质层面，更应该关注其交换背后人与人、人与社会的互动关系。

在C校的捐助仪式中，礼物是构建人与人之间关系的纽带。通过这种礼物的流动能够将分散的个体连接起来，使人与人之间得到更好的沟通，增进了社会关系。无论是社会人士的发言，还是之后多次对学校助学领导的访谈，都透露出学校的一种文化模式。正如莫斯在《礼物》中提出来的，礼物交换不仅仅是单纯的物质交换，而且礼物中有情感、精神和意志嵌入其中，从社会效应来说是“心灵结合体”(spiritual bond)。礼物的交换普遍存在着“送礼、回礼、收礼”义务，通过礼物流动这一社会性交换行为，清晰地呈现出经济中的文化成分，勾勒出多样化、复杂化、互惠互利的社会关系。捐助者会因此得到好的声誉、受到社会的尊重，同时也会得到自我的认同。而带有“心灵”的善款、物资到了受助儿童的手里后，

---

① [法] 马赛尔·莫斯:《论馈赠——传统社会的交换形式及其功能》，卢汇译，中央民族大学出版社 2002 年版。

② [美] 马歇尔·萨林斯:《石器时代经济学》，张经纬、郑少雄、张帆译，生活·读书·新知三联书店 2009 年版。

③ 马佳:《人类学理论视域中的物质文化研究》,《广西民族研究》2013 年第 4 期。

就会显现出捐助者对受助者的爱心和期望，善款、物资作为一种礼物的形式成为捐助者与受助者的“心灵结合体”。也就是说，捐助仪式在捐助者、捐助物与受助者三者间产生了社会的公益性，它既是有形的方式，更无形地把陌生人联系在一起，建构成一个充满道德情感的共同体。

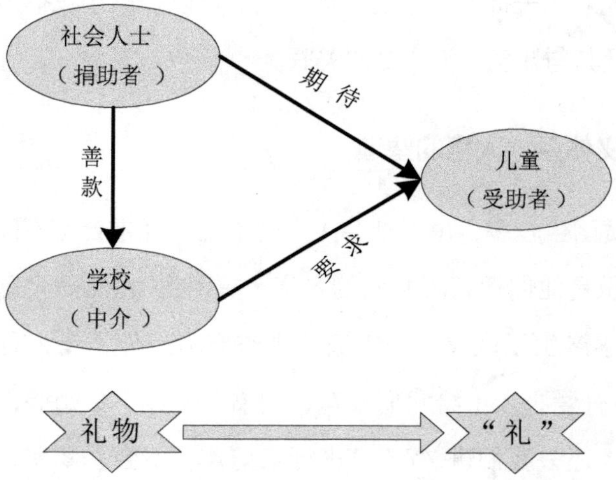

图 2-2　社会人士—学校—儿童的道德共同体

社会人士以捐助的方式将具有“礼物”性质的物资或者善款给学校，学校作为中介机构转接这份“礼物”即承担着对社会人士善意的反馈，对接受捐赠的学生提出更高的要求，说是对爱心人士的“礼貌”回馈，无形中却成为一种“礼”束缚着儿童的心灵，那是一种责任和义务。似乎孩子们如果不好好学习，不好好遵守学校的规矩，这份善款或许就没有发挥好效应，又或许下次孩子将失去得到捐助的机会。这也表现了仪式的工具性，即在表达关爱的同时施展控制，因此这种社会关系并不总是含情脉脉的，从米歇尔·福柯及欧文·戈夫曼的理论视角看，仪式实践中的互动可以阐释为规训机制，体现出一种不平等的权力关系。这意味着贫困不再是儿童受到捐助的唯一原因，成绩好坏、听话与否和能否得到捐助也不可避免地产生了联系。

人类学家谢里·奥特纳提出过“关键剧本”①（Key Scenarios）的概念，以此来面对宏观的文化模式与行动者能动性之间的张力问题。从上述的分析我们可以发现，在捐赠仪式中学校为儿童提供的“关键剧本”之一，即“只要你接受资助，你就应该更加努力地学习”。儿童作为行动者，通过分析他们对“关键剧本”的演绎，我们可以理解学校捐赠仪式活动中的道德语言及其与儿童行为实践的关联。

三、意义体系：人格的塑造

C 校的贫困生较多，由于社会人士的捐助，经常会有不同的助学表格需要填写，于是他们拥有了共同的名字“贫困生”，然而无意识中也使他们与其他同学产生了区隔。四年级的小杰家境条件不错，有一次和我说道：“经常会有爱心人士给我们校车、图书、金钱、牛奶等，我爱死他们了。爱心人士还去我们班 ZYX 家进行家访，但不会去我家，因为我不是贫困生啊。ZYX 的成绩也挺好的，不好的话，那不是太对不起爱心人士了。”一方面，小杰对爱心人士的捐赠行为表示好感和感恩；另一方面，当“贫困生”“成绩好”“对得起”这些词从小杰的口中说出来时，我着实有些意外。这说明在他的意识中，有着与学校文化模式相同的概念，即受到捐赠的人就应该比其他人努力，学习成绩要更好。

社会人士和学校的文化模式对受助儿童产生了一种期待，要想研究由社会人士参与的捐助仪式对儿童成长产生的影响，必须从外在于个人的社会图景转向内在于个人的心理图景。仪式化的“捐赠”过程，其实也是儿

① “关键剧本”是指某特定文化中预定的行动图示，它为该文化中标准的社会互动提供符号性纲领，或者说，“关键剧本”为行动者提供行动模型或路线（Ortner，1989：60）。——摘自：李荣荣：《美国的社会与个人：加州悠然城社会生活的民族志》，北京大学出版社 2012 年版，第 58 页。

童人格[1]被塑造的过程。因此，从儿童主体分析的视角来说，我们需要更加关注社会对个人的期待内化为个人对自己的期待后，在儿童日常学校生活中具有什么样的意义，或者关注社会语境中儿童的个人体验是什么。

（一）感恩："我要努力"

六年级的静静，母亲是云南人，早已离家出走，父亲患有严重肝病，靠打工为生。平时她和弟弟跟着爷爷奶奶生活，家里贫穷却温暖，也很干净。爷爷希望孙女好好学习，改变命运，最好能当一名老师。放假回家，静静一有时间就帮助家里干农活、做家务，小小年纪的静静爱笑、阳光，学习很好，是班长也是班主任的小助手，老师吩咐的事情她都张罗着干，充满了正能量。她有个小本子，无意中看到一篇类似日记的随笔，经同意她也愿意分享：

> 静：静静来反省自己的一些东西吧，有时你做错了，但是你还是选择你的观点。如果一些事，都是你想要的结果，那么你将会变得害怕选择，时间在一分一秒地流走，而我们却应当珍惜。加油吧，珍惜每一分钟去学习，记住所有人对你的期盼与期待，学习不是给其他人而学习，而是给自己学习。如今社会需要的是知识博大，但是重要的一点却是要学会做人，我们要学会感恩。

异于大部分贫穷家庭的孩子，不管家庭环境怎么样，静静都有着积极

① 利奇认为：人类学的话语中，"个人"（individual）和"人格"（person）是被严格区分的。个人是指出生、成熟、年老、死亡这一活生生的生物学意义上的动物；人格是指附着在个人人生各个任意阶段上的一种角色和作用。——摘自：罗红光：《不等价交换：围绕财富的劳动与消费》，浙江人民出版社 2000 年版，第 156 页。

的生活状态。她在与我谈到自己的家境时是很自在、很放松，同时她对自己的未来也有很清晰的打算：

> 我也是单亲家庭，但是我感到很幸福，感到很知足。原因呢，起码回家我有爷爷奶奶，我回了家，我会说“奶奶我回来了”，爷爷也会在外边等着我回来。在学校吧，我也感觉到很充足，感觉到很幸福，因为我们有表面看起来严肃，却用默默的爱来关注我们的班主任。我觉得，单亲家庭不怕，因为我身后还有很多关心我的人，我有亲人，还有一些虽然与我没有血缘关系的人，还有社会上的爱心人士，他们都在默默地关心我。而我要做的是，好好学习，以后做一个像他们一样关心他人的人，做祖国的人才。我有一个小小的梦想，考上一个不错的高中，来报答对我好的人。然后高中完了，我想完成我的下一个梦想，考大学、研究生、博士，走上我学习金融的这方面的道路。首先我想先给别人工作，然后创下资金，开店铺，创下自己的事业。长大以后，像关爱我的人一样，去关爱那些更需要我们关爱的人。我的原则是，不管遇到什么，不怕，不要哭。哭，对于一个人来说，什么都没用，虽然你生活在单亲家庭，但是你还有那么多爱你的人，我会努力的，我会感恩那些帮助过我的人。

静静对于自己未来的规划很清晰，也很实际。她自省的随笔和娓娓道来的叙述都显得那么坚定有力，透露出了幸福和知足。一个小小的姑娘，却让我看到了生命中的阳光，她可以忽略自己生活中所有的不幸，阳光灿烂地活着。她说：“我们的班级就是一个家。班里像我一样的孩子还有很多，我会尽力地帮助那些内心困惑的同学。”不是物质的帮助，静静已经将社会人士的“礼物”开始转化，希望用自己阳光的心态来帮助那些与自己相同处境的同学。

（二）自卑：“我要别人同情我”

婷婷，女孩，五年级学生，正如她的名字一样，本人出落得亭亭玉立，一双忽闪忽闪、水汪汪的大眼睛写满了对未来的期待。在笔者的家访过程中，她爸爸诉说了家庭情况：“她妈妈是云南的，在婷婷 9 岁的时候走的，走了就没有再回来。她还有一个妹妹，比她小两岁，家里情况太差，除了两个娃娃外，我还有一个 85 岁的老母亲，他们都需要我照顾，我不敢去外面，太远了，所以就靠在餐厅里打工维持生计。”[①] 婷婷看起来性格挺开朗，笑得很灿烂，却总是低着头，似乎想要把自己藏起来，她向我表露了自己的苦恼：“我觉得所有的人都不可信，他们老是偷偷说我。有的人会嘲笑我，有的人会背后说我怎么怎么样，我感觉我就想让人同情，但是别人都不会同情我，别人都会背后说我，什么什么样的。我觉得自己什么都没有，就觉得很自卑，就希望别人能够同情我。”

其实，婷婷“自卑”、需要“同情”的想法代表了很大一部分 C 校

---

① C 校一二年级的学生由于年龄小，采取走读的方式，每天早晚由学校班车接送；三年级以上开始寄宿制。与国家公办的其他小学休息制度不同，因 C 校地理位置的缘故，实行“上十天课休息四天”的制度，原因有二：第一，很多老师和学生家里都住得离学校挺远，家长来回接送也不方便；第二，为了保障学生的安全，减少每日往返增加的安全隐患。每次“星期”的时候，老师会提前一天在班级微信群里发通知，或者让孩子提前一天给家长打电话。由于婷婷的家在离校比较偏远的小村子里，附近没有学校，只能到离家较远的 C 校上学。从学校到家里并没有直达的大巴或者公交车，婷婷只能包车回家，但是这一趟需要 80 元，来回的话就得 160 元，每个月来回两次，加起来也有 320 元之多。孩子在学校每月的伙食费也才 140 元，这笔路费无疑也加重了家庭的负担。爸爸为了方便工作，在学校附近的一个村子里租了房子，既方便自己上班，也能够节省下一笔开支。

“贫困生”的状态，他们平时不太与同学们一起玩耍。有的甚至借“身体不舒服想回家”来躲避在学校被排斥之感[①]。在学校里、在班级里，我们可以看到嘲讽、偏见充斥其中，一部分人的优越总是来自另一部分人的卑下，因生活贫困而内心同样“贫困”的儿童充满了对生活的恐惧，这种状况弥漫于学校中。

自卑与感恩，是儿童个体的两种极端情感表现。静静与婷婷体验到的个人情感并不相同，但是在制度化的捐赠仪式中，无论是学校的文化模式还是社会人士的期待，静静的体验是被表扬的，并受到大家更多的关注，被学校邀请在制度化仪式的场合中分享。然而，与婷婷有着类似自卑情感的群体，却不被制度化仪式所接受，个体情感无法释放，按照制度化的要求，他们必须表现出相同的集体情感，受到捐赠后的感恩与更加的积极向上，而非依然恐惧。受助的儿童在义理、情感上都背负着“债务”，他们只有按照学校的文化模式，努力学习，才是对捐助者较为恰当的回报方式。

四、小结：制度化生活中儿童主体的“缺席”

纪念仪式中国家神话的塑造、捐赠仪式中对社会关系的扩展，国家、社会似乎时时交融在学校场景中，儿童在特定的制度化仪式情境中获得仪

---

① 小峰的妈妈在他5岁的时候便抛夫弃子离家，家里还有86岁的患有精神病的奶奶，之前小峰跟随爸爸在北京上到三年级后回五台，孩子很自立，爱看书，脑筋转得快，成绩也不错。2017年4月我在四年级班上认识的小峰眼中透着灵气，还比较健谈，与同学相处得也不错。可是当我2018年1月份再次看到他的时候，他只是一个人待在小角落，有时拿着一本书看着，明显感觉到孩子眼中的无神，与之前完全不同。班主任告诉我：“小峰多次说身体不舒服要爸爸来接回家，可与家长沟通后发现小峰甚至提出要退学的想法，这可能与和同学们关系不好有关，大家都不太和他玩。”

式的体验和感受。制度化仪式则通过象征符号来表达社会权威、预演社会逻辑、明示社会关系、折射社会文化，同时也用来创造或再造权威，因此它们与权力是相互依存的关系。制度的过程是由指定的社会性质的属性所构成，制度化仪式所完成的分隔起到了一种神圣化的效果，这被布迪厄称为“圣职授位仪式”(rites of consecration)或者“制度仪式”(rites of institution)。“‘成为你所是的人’，这是所有制度行为的施事性巫术背后隐藏着的规则。”①

从行动实践层面来说，制度化仪式的结构性是对儿童个体行动的制约和规范。在制度化仪式中，处处都显示出“以序为主”的意味，任何打破和扰乱既定程序和内容的行为都不被允许，都要竭力消除。制度化仪式因其程式化必然有较为清晰、明显的结构特征，包括仪式成员间的关系结构，体现权力和秩序等制度化结构的关系等，这些都传达和确认着社会观念及价值坐标，儿童主体的行动被制约，主体地位呈现出被动化、工具化的特征。二分对立的结构充满了区隔的意味，在学校制度化仪式中预演着社会的逻辑，社会的逻辑也在仪式中得到延伸。借鉴特纳“交叉二分对立”的思想，从横向来看，仪式过程中通常按照年级、男女、班级、身高等编码排队，体现儿童间的男女有别、年级高低更替的二分结构；从纵向来看，体现时间的过渡，儿童从非学生转化为学生，从低年级变为高年级；从垂直的角度看，仪式过程中讲究座次的排列，按照职位的高低各有其位，通过空间的位置来凸显权威，学生一般立正处于“观礼”的状态，这体现尊卑、长幼、资格等二分结构。仪式中的交叉二分对立结构，鲜明地标示了尊卑、高低、长幼、主次等权威意识及其实践排列，而这些深深

---

①［法］皮埃尔·布尔迪厄：《言语意味着什么——语言交换的经济》，褚思真、刘晖译，商务印书馆2005年版，第101、104页。

地扎根于中国传统社会与文化的土壤之中。当然，制度化仪式通过对特定角色行为的规范，加深了儿童对某一角色或人伦关系的理解，也加强了他们对“序”的认同。经过无数次制度化仪式的实践操练，儿童每次参加仪式时都会自觉地按照长幼顺序进行，这些顺序没有经过特殊的教导。笔者问孩子们：“你们在仪式中的顺序是提前知道的吗？”他们答：“没有，除非有特殊规定，一般都是按照之前的顺序，大家都已经习惯了，并且都会记得大小、前后左右的顺序。”因此，在一次次的仪式展演中，儿童通过身体实践内化“序”的观念，明确了自身在社会关系中的位置，同时积累了在日常生活中能够处理长幼关系的方法。学校在制度化仪式中会用抽象的概念来标示具体的人，如一位少先队员、一年级小朋友、一位“孝德好少年”……儿童的匿名化取代了各种真实的个体，这样导致儿童鲜明具体的个性被淹没在群体中，甚至自动游离于仪式之外，以假装参与的姿态表现出全神贯注的神情，其真正的个性空间不断缩小，真正的创造和卓越失去了可能。

从情感表达层面来说，在制度化仪式情境中，儿童所表达的情感是集体性的而非私人的，所有的人都以同样的方式表达自己的情感，这就使得仪式成为一种缺乏情感交流的实践活动。具体来说，制度化仪式被教育者不断设限、不断赋义，通过统一的、严肃的、规则的象征符号和情境设定，想要对个体产生“核聚变”的教育效应，达到触及学生心灵深处的教育目的。然而，在这种被要求有协调一致、高度统一的思想和行为的环境中，在这种机械、繁杂、喧嚣的仪式程式中，儿童会被要求处于团体释放的情感空间之中，自觉地调整自我的行为以适应群体的行为，个体情感能量受到控制。另外，仪式情感会被仪式化为一种力量，在此力量的影响下，儿童的主观体验趋于一致，言行受到影响，最终形成“集体情感”(collective conscience)。“集体情感”的概念是涂尔干提出来的，意指通过周期性重复的仪式，所有仪式参与者都拥有的、超越个人范畴而指向社会的共同情感。笔者在制度化的纪念仪式结束后访问儿童感受，他们最后的落脚点都是“战士们太辛苦了”“我们的幸福生活是革命先烈抛头颅洒热血换来的，我们一定要好好学习，成为祖国的栋梁”诸如此类的话语。偶有儿童展示独特的个人情感，“没劲，来过太多次了”“挺好的，不用上课”，但这却不是主流的情感。在仪式活动中，人们进入与日常生活完全不同的世界，其中的社会力量将人们从凡俗世界带入神圣的世界，在他们心里激起一种超越个人的集体情感，最终产生社会凝聚力。也就是说，涂尔干认为个人情感无助于社会团结的实现。与此类似，阿格妮丝·赫勒（Angnes Heller）提出“定向性情感”（orientative feelings）的概念，主要是指“日常生活中的感情绝不是主观的，而是由社会预定的”，强调社会对个人情感的决定作用。他们的观点都表明，社会或组织团体以一种强制或制约的手段来管理人的情感。在制度化仪式中，儿童扮演着学生的角色、少先队员的角色、祖国未来的角色等，每种角色都要求他们表达出相对应的情感态度，在这种由象征符号和权威者行为营造的神圣情境中，所有成员都被凝结到一起，集体情感在塑造儿童社会规范的过程中发挥了重要的作用。然而，当仪式结束之后，这种被动的、疲乏的集体情感就会逐渐消逝、越来越弱，很难唤起个体对制度规范、仪式本身以及学校文化的认同。为了突出价值及其行动的“典型性”，普通的、日常的人和事因不符合制度化标准而被剔除，儿童作为个体及其内心的真实感受也无法呈现。

第三章

非制度化仪式：以儿童为主体

在制度化仪式中，儿童是被规训的对象，只需要服从和接受。仪式中稳定的、重复的程式化行为可能会约束参与者的自主性（Warren & Campbell，2014），从而使得参与者产生负面态度。虽然已有研究指出，仪式中所体现的重复和刻板的行为可以满足个体的控制感，但是，此类研究仅仅局限于个体控制感缺乏的情境，如遭遇灾难、困难或者压力等情境（Aietal，2005）。一旦个体处在正常的控制感水平时，仪式行为可能还会使参与者感知到自己被控制，而且这种受到控制的感觉会使得个体选择逃避仪式。以学校为主体的制度化仪式用纪律和规范构成对儿童个体的控制，但是以儿童为主体的非制度化仪式却让主体拥有可选择性。总之，制度化的仪式，彰显着学校公众生活或者制度内生活所必备的秩序、规范和态度，属于学校生活的"大叙事"层面；非制度化的仪式，出现在儿童私人领域的生活中，体现着私人生活或制度外生活中运行的规矩、习惯等，属于学校生活的"小叙事"层面。本章将非制度化仪式分为周期性的反结构仪式与日常性的日常仪式两大类，研究视角放在儿童的意义世界和群体互动空间中，从而去探寻非制度化的反结构仪式与日常仪式对儿童主体的呈现，以及对个体成长过程的价值。

第一节　周期性的反结构仪式：儿童主体暂时在场

异于制度化仪式，节庆式仪式是制度化学校生活中的时间与内容的例外，作为一种非制度化仪式，儿童个体能够在其中找到游戏感，体验到真实的自我存在。在这种非制度化的仪式类型中，日常制度化生活中的特定结构被颠覆，特纳所描述的“反结构”特征得以显现，但是它具有周期性，短暂而不持续，故称之为“周期性的反结构仪式”。本节以具有社会戏剧特征的愚人节、具有过渡仪式意义的毕业典礼为例，分析儿童在反结构仪式中的行动策略、情感体验，发现儿童不再只是被动的等待者，转而成为积极的行动者，他们开始积极探寻和延展自己生活的时空环境，展现自己的能力。

一、我被愚了！

初入田野不久，恰逢 4 月 1 日，一个普通而特殊的日子——“愚人节”！类似巴赫金对等级次序倒置的狂欢节的研究发现，仪式中关于乌托邦的符号象征和预示着人们的权利。当这个西方传统的“愚人节”融入 C 校这个乡村小学的生活时，我也经历了一次愚人节的“狂欢”，被孩子们“愚”了一回。四年级的小杰说：“我们英文课本上面有‘愚人节’这一课，英语老师刚讲完不久就到愚人节了，真开心。虽然愚人节是外国人过的，不是我们过的，不过我们也可以过一下。”二年级的小朋友告诉我，“我五年级的姐姐告诉我明天是愚人节”。孩子们或是从老师、同辈口中，或是从书本上得知“愚人节”的到来，总之这天全校的孩子们都沉浸在“愚人节”的快乐中。

按照中国的传统文化，“尊师重道”的理念让学生与老师之间界限分明，平日里学生不敢追着老师，有时看见老师还要绕道而行，更别说是戏弄老师了。然而，孩子们清楚地知道自己在愚人节期间“反日常化”的行为是被认可的，是合乎规则的，不会受到惩罚，因为这是此节日特有的文化意义。用人类学家维克多·特纳“地位颠倒仪式的阈限”概念可以很清楚地阐述和理解此现象，即“社会结构中身份、地位较低的群体可对身份、地位较高的群体行使仪式权威”，原有的社会结构法则被打破，参与仪式的老师和学生属于平等的个体，所有的区分暂时消失。因此，愚人节这天，学生们抓住机会，充分行使其“弱者的权力”，尽情狂欢，“在情感上，没有什么比过激行为或暂时允许的禁止行为更能使人得到满足了”。

节日前一天，就有孩子告诉我，“老师，明天是愚人节，当心被骗哦”。四年级的小燕子说：“愚人节是专门为愚蠢的人而设的，如果在这一天你被骗了，就说明你是一个非常愚蠢的人。明天愚人节啦，终于能骗人了，老师你要小心哦。”笔者一边嘴上附和，“好的，明天见”，一边想：“我也是过来人，你们那些小伎俩怎能瞒得过我呢。”

第二天一大早，刚到教室，孩子们就围在我身旁，眉飞色舞地描述他们被骗的经历。丽平说：“愚人节，就是骗了别人再说声‘愚人节快乐’！今天跑完操，我的好朋友娜娜就来骗我，说地上有一元钱，让我去捡，我一看才知道被愚了。小霞看到我被娜娜轻而易举地骗了，就说地上有一个彩蛋，我一看还是没有，知道又被骗了，但是还是很开心。吃早饭的时候，我和嘉嘉一起骗小羽，‘你的饭里有虫子’，他就相信了，我俩说了声‘愚人节快乐’，骗人成功后我们便回宿舍。真开心啊！”丽平交替经历过被骗和骗人的体验，并充分享受着这样的过程。小泽说，“去年愚人节，五年级的同学告诉我，我头上有只蜂，身上有蜘蛛，就信以为真，被吓到了；今年，又有人告诉我，天上有飞碟，地上有彩蛋，我找了找却发现啥也没有，才知道是被骗了”……天啊，孩子们居然如此天真，这么幼稚的玩笑话也会当真。当然，也有孩子骄傲地说：“我今天太高兴了，因为我从早晨起来到晚上一次都没有被骗过。”看着他们的表情，愤愤不平却又喜从心来，我不禁跟着哈哈大笑起来。还有的孩子，利用自己学习委员的职权来哄骗大家，上课铃一响，小羽大喊“老师来了”，全班顿时安静下来，后来才发现是一场骗局。语文老师刘老师结束完上课仪式之后，指着班上的小莉，“你的发箍怎么坏了”，小莉用手摸了摸头上的发箍，发现没坏后一脸茫然，这时刘老师和其他同学早已笑作一团，原来刘老师也参与到了“愚人节”的狂欢中。

愚人节这一天，“我被愚了”“我又骗了一个人”等诸如此类的话题成为主题，孩子们之间、师生之间互相哄骗，各显神通，以各种稀奇古怪的方式开周围人的玩笑，学校俨然成为一个大剧场、大舞台，大家纷纷登台表演。整个学校的公共空间，都成为仪式展演的场所，孩子们互为演员和观众，体验被骗后的尴尬和骗人后的成就感。孩子们希望用语言和对老师玩笑似的嘲弄来控制、主导学校这个“社会大舞台”，当一回“小大人”。他们奔走、追逐于办公室、操场，对老师们进行围追堵截，要出各种花招，老师中招后，即刻兴奋地献上“老师，愚人节快乐”，便呼啦一下跑开。“校长，您的鞋带松了”，Z 校长低头一看才缓过神，但并没有生气。“校长，愚人节快乐”，孩子们早已笑作一团。这种集体兴奋的产生看似是情绪体验，实际上却是儿童对“权威”“秩序”反叛后的酣畅淋漓。因为在日常生活的“规整”状态下，这种任性的行为被认为是不可思议的、是不被允许的。然而，此时此刻，教师的身份被暂时“悬置”，原有的师生结构被暂时“消解”，他们尽量配合孩子，平等参与、分享快乐，在轻松的嬉笑中，孩子的心灵和精神得到放松。孩子们抓紧机会，因为知道今天过后，这种玩笑就不能开了，结构化、制度化的学校生活又将把自己归为所设定的角色，有着自己的定位和责任，于是他们今天尽情享受着这种“反结构”关系带来的快乐。

一群孩子围着我，“老师，你鞋带松了”“老师，你头上有蜘蛛”……他们使出浑身解数，想让我跳进圈套，我都没有中招。当然还出现了点小意外，因为警惕性太高，导致真真假假难以分辨，英儒说：“老师，快看，校长在你后面”，我没有经过大脑思考就蹦出一句话：“又想骗我哦。”后来一看，发现校长真的在后面。孩子们见我未上钩，有些许沮丧地说：“老师，我一定会‘愚’到你的。”突然，一个念头想起：我不是在做儿童的田野吗？要想融入儿童群体被其接纳，获得参与观察的资格和机会，若将自己定位在成人的视角，是无法平等与之对话的，我何不顺着他们，被愚一次。于是，当小宇再一次炮轰我说“老师，你反过头，后面有人”，我及时配合道：“啊？真的吗？谁啊？”一边说一边故意夸张地向后回头看，“原来我中计了”，孩子们被我滑稽的动作逗笑了。“老师，被骗了！哈哈，老师终于被骗了。”孩子们得意地笑了！处于儿童的世界中，要想真正了解儿童社会的生活和文化，研究者就必须亲自参与他们的游戏，不顾自己大人的形象，和他们打成一片，倾听他们、理解他们。因为只有这样，情感互动强度才会增大、互动频次才会增多，也才能与孩子们共同营造出集体欢腾的仪式场面。

正如特纳所描述的，在西方社会所盛行的万圣节中残留着年龄颠倒、性别颠倒和角色地位颠倒的仪式现象。节日中，孩子们会化装成各种具有巫术的鬼怪精灵，或者是反对权威的海盗形象等，以此来捉弄大人们。他们戴着面具确保了匿名性，他们的恶作剧也被大家认为是合乎规则的。通过象征与行为模式上的地位颠倒，特纳认为“人们看到了被认为是公理而不可更改的群体之外的社会类别与形式”。通常情况下儿童处于长幼尊卑次序的底端，但是C校的儿童借助于愚人节的地位逆转机会，以戏谑和嘲弄的方式突破以往结构化的师生秩序，进入到一种虚拟的结构中——“所有过分的言语和行为都是可能发生的”，这既是对日常秩序的反叛又是对自我的放纵。当然，儿童也清楚地明白这种地位逆转、地位平等化的仪式行为是有时空限制的，即老师真正授课的过程中不可、过了愚人节这天不可，于是他们抓住仅有的时限和权限，在学校制度化生活“齿轮传动箱里的空挡位置”进行着自己“反结构”的行为，展现本真的自我。

二、我们毕业了！

毕业，不仅是学生生涯的节点，更是儿童个体成长的节点。这种时间物理性质上的不可逆转性表明，儿童已经永远无法再回到往昔的“小学生”阶段，“因为它还带着一种滑向空间层面的意思在里面，有着一种转换、替代”[①]，将要向“初中生”阶段的角色负责。毕业典礼则是一道“分水岭”，是对典礼前和典礼后两个稳定状态的转换过程，既是“一种过程、一种生成”，更是角色的“一种转换”[②]。它完成了儿童从“小学生”到“初中生”这两个“状态”之间的转换，具有结构性隐喻，为儿童进入“初中生”的地位提供了标志物，成为儿童的“重要时刻”。同时，这个“转换”也表明儿童与其相联系之人的关系发生变化。

毕业典礼不仅是一种典型的“世俗仪式”[③]，也可以被看作一种“通过仪式”而存在，“没有任何地方的改变比‘通过仪式’表现得更富戏剧

---

① [意]马里奥·佩尔尼奥拉：《仪式思维》，吕捷译，商务印书馆2006年版，第35页。

② [英]维克多·特纳：《象征之林——恩登布人仪式散论》，赵玉燕、欧阳敏、徐洪峰译，商务印书馆2006年版，第94页。

③ 美国人类学家罗伯特·F. 墨菲（Robert F. Murphy）说：“地位改变的广泛仪式化事实上是世俗仪式的根本所在；甚至那些已放弃宗教信仰的地方个人生活中的某些事件，如毕业，也要举行典仪并聚集亲朋好友。”——摘自：[美]罗伯特·F. 墨菲：《文化与社会人类学引论》，王卓君、吕遒基译，商务印书馆2004年版，第234页。

性”[①]。举办毕业典礼的作用在于：一方面是为了给顺利毕业的儿童以身份确认和庆祝，传达和确认儿童身份的转换；另一方面这也是属于学校例行和传统的活动。毕业典礼无论大小，其意义都在于营造出一个集体的氛围，它是一次集体欢腾，是一次共同的告别仪式。C 校的毕业典礼并非如其他学校般盛大，而是儿童自发举行的庆典，在这种非制度化的仪式中，笔者试图理解儿童在仪式中的行动逻辑及情感体验，探究儿童是否能够作为主体而存在。

（一）集体的狂欢：毕业晚会

C 校并没有统一安排六年级的毕业典礼，只是在一次课间操后组织了学校领导、老师和即将毕业的学生们在教学楼前合影。2017 年 6 月 29 日晚上七点，六年级的学生们以班级形式组织了一场毕业典礼，只有两位任课老师（语文和数学）参加，形式内容简单。在成人的眼中，没有领导讲话，或许就是一群孩子无秩序的表演；但在孩子们的眼中，却充满了乐趣和自由。下午劳动课期间，六年级的同学们就开始忙乎，做准备工作。班主任张老师说：“举行毕业典礼的想法是大家主动提出来的，之前典礼定在七月初考完试，我主要考虑到怕大家一直想着这事，心浮气躁，加上实习的郭老师明天一早就要返程，结束在 C 校代课的日子，所以就特意把典礼往前提了，这样大家还有几天时间可以收收心，学习学习。”孩子们也很赞同张老师的意见，面对 7 月 4

① 所谓“通过仪式”是使“一个旧的地位及与此相伴的全部角色行为都要除去，这个人也就成为一个新人”。——摘自：[美] 罗伯特 · F. 墨菲：《文化与社会人类学引论》，王卓君、吕道基译，商务印书馆 2004 年版，第 233 页。

日即将来临的毕业考试，正好借此机会好好放松一下。

此次活动都是孩子们自己策划的，班主任张老师没有参与其中任何环节，唯一做的就是去远处的超市购买了桃子、西瓜、花生和葵花籽等零食，以及装扮教室需要的气球、彩带等饰品。小慧是此次活动的主持人和策划人，忙里忙外，收集节目、策划流程、表演节目等。她主动找到我，让我帮忙准备节目的背景音乐和晚上活动的PPT，我当然义不容辞地接受。等我们准备妥当来到教室，其他同学们已经开始装扮教室，吹气球、贴气球，有的在黑板上画海报、有的摆桌子打扫卫生，大家齐心协力，都忙碌起来。黑板上除了“我们毕业了”的字样，还写着“努力”“加油”，这是孩子们对即将来临的毕业考的自我勉励，也是对未来生活的期待；还有酒杯、爱心、花草等图案，都展现出孩子们内心的喜悦和灿烂。（2017年6月27日田野笔记）

象征符号是精神形式与物质实体的中介，是仪式表达的基本依托和载体，同时也是表达仪式价值和意义的媒介。毕业典礼中的象征符号具有“浓缩”的特点，承载着不同的语义学含义，装饰教室的气球、写着“我们毕业了！”的板报、写着“奔跑吧，青春”的PPT、放着与毕业相关的歌曲等，这些象征符号表面上相互关联是微弱的甚至是任意的，但它们又因类似的品质事实上相互连接而产生联系，共同表征着“毕业”的意蕴。处于人生转折时期的儿童往往会表现出焦虑、不安、兴奋等复杂情绪，但是在开展庆祝仪式的过程中会产生一种强烈的情感共鸣，使他们能够以更为平和的心态进行清晰的角色定位，稳定自我的情绪。

其间，张老师也开始为大家服务，洗水果、切水果，给每张桌子上派发零食。虽然晚会组织得非常简单，节目准备得有点仓促，有唱歌、朗诵、舞蹈，但是丝毫不影响晚会的气氛，孩子们吵啊、闹啊，要是平时早就被校领导批评制止了，但此时此地是专属他们自己的时间和空间。在孩子的眼中，这是一种无秩序、非制度化的学校仪式，没有纪律的约束，没有条条框框的规则，他们可以释放自己、展示自己。问及同学们的感想，说“很好啊，可以吃东西，不用上课”，“我可以上台唱歌跳舞”，“跟旁边人说话也不挨批，毫无约束”。节目最后，实习的郭老师播放自己制作的视频，回忆她半年来在学校的点点滴滴，虽然音响效果不佳对气氛渲染有所影响，但仍然让不少同学感动不已。

（二）身份的转换：老师的致歉

学生在校六年的时间，老师对话语的支配权力处处凸显，其权威也时刻都渗透在学生的学习生活中。然而，富有戏剧性的是，当“最后一课”到来之时，当毕业典礼举办之时，双方原来的位置、关系、话语都会有一些微妙的变化。

> 同学们，今天是我给你们上的最后一堂课。说实话，你们有过不乖的时候、给我闯祸的时候，但是毕业将近，我似乎也无法生气起来。不管怎样，都祝福你们在考试中能够考出好成绩，成为C校的骄傲。

班主任张老师平时不会与学生谈论太多的心里话，都是在自己的位置、自己的角色中保持着自己的姿态，诉说着自己的话语。处于制度化的学校场景中，承担着毕业班的升学压力，她在学校的日常生活中只能严格按制度、按规则行事。但在毕业典礼的最后，张老师一反往日具有权威性的、强制性的口气说道：

你们开心就好，反正我平时也说得很多了，很多话平时都有交代。有做得不对的地方，也请大家原谅。其实说实话我还是很舍不得你们，毕竟我们相处了这么久，不知道你们是不是也舍不得我，舍不得这里的老师呢？

在最后的时刻，张老师表现出异于平常的姿态，以感受式的话语吐露自己的心声，或许认为平时学生被“唠叨”的太多了，此时反而主动省略了许多的“嘱咐”与“劝告”。在学校的学习生活经验中，老师一般对于自己的错误不会轻易表露出来，这是对自己权威的维护。此刻，张老师为自己对学生在校期间问题处理不当的情况主动表示歉意，这种低姿态的表现，其实最能引起儿童的认同和情感的共鸣，反而会激发他们对老师的感激之情。对于儿童来说，越是贴近他们生活的话语，越容易被接受、被认同，尤其是在班级这个狭小的空间中，对较为私密性的内容有着独特的接受倾向。

（三）反结构的凸显：孩子的心声

这种以庆祝为主的仪式，它的娱乐性大于功利性。仪式中的语言没有一定之规，儿童作为仪式的主持人可以根据场景和心情，说出一些幽默、轻松的话语，以此调动大家的情绪，其他儿童作为仪式参与者也可以通过掌声和欢呼声等非言语性的语言来表达自己的情感。典礼中有个环节是每个孩子都要表达自己的心声，同学们或是追忆六年的学习生活，或是表达对老师、同学们的感激和不舍，甚至有的同学直接诉说对老师的不满。

1. 主体对时间的阐释

今天我们痛痛快快地开了一场毕业晚会，是最开心的一天，也是最美的一刻。同学们不管会不会都出来表演，我觉得最搞笑的是小品《反义词》。我看到我们幼年期的叛逆行为，和老师为我们的行为而感到生气的场景。那一瞬间是尴尬的，但在我们心中是最美的。——CJM

今天的毕业典礼，虽然有西瓜、桃子等东西陪我，但还是不太开心，而且非常难过。一是因为我舍不得老师，二是我不想离开待了这么久的学校，可这不是由我决定的。突然感觉小学过得好快啊，以前觉得非常慢，现在不一样了。以前非常想长大，感觉长大非常好，因为可以到处玩，现在不是了。因为我长大了，知道了许多事情，比如：长大出去不是想玩就玩的，要考上大学或是有钱了才能玩。所以我还是想回到小学时光，可惜已经回不去了。现在只有一条路走，好好学习走上阳光大道。——GJQ

熬了六年，终于等到这一天。以前，我总觉得毕业遥遥无期，一转眼我们就要毕业了，突然感觉这六年过得太快了。我看到曾经毕业的学生，他们那么开心，以为毕业很开心，可是现在当我自己毕业时，外表装得很开心，内心还是不知啥滋味。想起那些因为没写完作业而被老师骂得狗血淋头，因为没考好被老师打手板，因为不好好学习而被罚站的情景，因为不听话老师给我们讲人生大道理和骂我们的狠话，心中说不出的感觉。下一个夏天这个教室坐满了人，可惜不再是我们。——LMY

“毕业”作为一个重要的时刻，当儿童处于超越个体的群体中时，时间具有某种普遍性，它可以使个体认同某种时间观念下的文化和集体。但对每一个个体来说，儿童所认知、所经历的时间都是个人化的，是具体的、个别的。孩子们对时间的理解除了在毕业的时候表现得特别明显之外，在每大周“星期”前后、寒暑假前后也表现得尤为凸显。经常听到有孩子抱怨："感觉假期生活过得太快了，我感觉才过了半天而已，为什么？在学校时感觉时光慢得很，而在家里感觉时光飞快，这到底是因为什么呢?"甚至五年级的学霸JC还发现了一个规律："我经过长时间的观察，发现在学校的时候大家总说'怎么还不星期啊?'这类的话，时光就变慢了。当回到家之后，就说：'哎，又要回学校了，希望时光变慢吧!'这一类的话语。所以，我发现当大家说快或想快的话，就会变得很慢很慢；当大家说慢或想慢的时候，就会变得很快。这就是我发现关于时间的规律。"其实，儿童对时间的体验依赖于他们的主观性，因为它是"我"的时间。

2. 主体对人际沟通的体验

马上考试完就毕业了，毕业是兴奋的，因为放假我们没有作业，可以在家天天玩游戏。但是假期过去了，我们可能就永远见不到了，因为我们要去各自的学校。我们考完试的那个晚上，一定都不想分别，毕竟同学一场。我的同学有6年的、5年的、3年的、2年的，虽然时间很短，但我们在一起学习玩的时间，比在父母身边的时间都长。虽然上课被老师骂，被老师打，我们也很开心。在这六年中，我交了不少朋友，希望我们有缘再见。——HZQ

要毕业了，我的心情很复杂，既高兴又难过。高兴的是，从今以后我终于不是一名小学生了，这标志着我长大了；伤心的是，六年的友情、同学情、师生情，就这样被一张卷子考散了。我要感谢我的好朋友LL，当时我要在国旗下发言，我非常紧张，是她不停地安慰我，让我别紧张，这次演讲很顺利，还得到很多老师的赞赏。我不会做题的时候，她和我一起讨论；我生病的时候，

她送来最暖心的问候。我非常感谢她，也舍不得她。——LXL

毕业典礼再次让同学们回顾了六年的学习生涯，通过仪式展演，增进了同学间的友谊，增强了集体的凝聚力，这也是仪式凝聚功能的体现。毕业典礼的空间布置、才艺展示的相互协调，都需要儿童个体之间主动的相互沟通，这次仪式活动让集体再次凝聚在一起。

3. 主体对公平的渴望

我想说，老师应该要平等点，多给我们一点机会。有一次，语文老师给我们分了“阳光课堂”上的题。WY 讲“成长足迹”，我讲“依依惜别”。WY 讲完后本该轮到我讲，我也准备好了。可一下就尴尬了，最后老师讲了。还有一次，数学老师不再让班委记名字，左边让 LXL 记，中间让 ZXR 记，右边让 ZZH 记。我也想记名字，老师就没有给过我一次机会。我和 LXL 都是数学课代表，但她是老师的孩子，ZXR 是校长家的女儿。为什么这个世界这么不公平呢？我希望老师可以让我记一次名字，让我讲一次题。——ZH

在我心里语文老师有好有坏。好呢，是在我有题不会的时候，她就过来说不会的我给你讲，我听了以后非常感动。坏呢，就是您是大学生，我的智慧没有您的三分之一那么多，分数不好您就打我们，可打了还是不会写。我们也有错，您刚刚到我们学校的时候是很好的。和我们待了一个多月就变了。刚刚来了不打人，天天高高兴兴，可现在打人骂人，是我们把您改变了，求求您把刚刚来的语文老师还给我们吧，我们会非常感谢您的。——ZSM

父母的社会地位给儿童带来的社会资本不同，不具备资本的儿童对此是有所体悟的。ZH 提出要老师公平地对待学生的请求，这个请求或许不会再实现，因为毕业典礼结束后不久即将迎来“小升初”的考试，但这种情感的吐露却让 ZH 如释重负。同时，ZSM 对语文老师从温柔转为暴力的不解，也透出儿童内心对教师情感的依附。

4. 主体对教师权威的理解

班主任，我想对你说：“您辛苦了！”我知道，我们寝室纪律不好，经常给您惹事。对不起，我们不该不听你的话，我们知错了。语文老师，您也辛苦了，那次我们班主任不在，您一天给我们上了八节课，第三天您的声音有了明显的沙哑。您一天到晚给我们讲课，我们还不听话，上课捣蛋，真对不起。——AYJ

其实，班主任是个好老师，并不像同学们口中的“魔鬼”，虽然有时也很严厉。我上台讲题没有信心时，老师给我鼓励；我生病时，老师给我喝水吃药，让我在宿舍休息不用上晚自习。还有一次期中考试，我得了 98 分，错了不该错的题，老师打了我两下手板，但并不痛。还告诉我下次要努力，考得好不要骄傲、考得坏不要灰心，以后每次考试我都要考 100 分。——LL

老师有慈爱的一面，也有严格的一面，我虽然受过不少惩罚，但我还是感谢您，因为明明是自己做得不好。在受过罚后，也曾说过老师的不好。但我现在长大了，我知道老师打我是为了我好。我一定不会忘记您对我们的期望，不会让老师失望的。——WY

分别就要来到了。有一次晚上，我和语文老师拥抱了一次，我感觉到了语文老师的温暖，该 LL 拥抱的时候，我背过去偷偷地擦了几滴泪，那天晚上我哭了一次。马上就要考试了，我觉得我肯定考不好，因为我没有心情好好学习了。语文老师可以不走吗？其实同学们嘴上说想让你走，可心里却一百个、一万个不想让你走。老师您走的时候麻烦在QQ上告诉我们，让我们来送送您可以吗？——ZHL

在日常的教学过程中，无论教师采取何种手段与方法，均以“都是为了你们好”为解释，使处罚变成一种顺理成章的事情。学生刚开始或许不能接受，我刚到六年级调研时，他们正处于全面复习阶段，“题海”战术是惯例，于是经常有孩子举着因做错题而被打红的手给我看，也有的孩子抱怨，“国家都规定了不能打板子，不能体罚”。现在等到他们毕业的时候，想想也都发出“都是为了我们好”的感慨，以此表达自己无条件的默认，这是儿童作为主体行动者与社会世界之间的一种契合。“都是为你们好”与“老师也确实是为了我好”，这两者形成了双方的合作，是一种社会化了的主观性。

（四）结构的重现：回归学习

其实，类似于“毕业典礼”这种庆祝仪式在构建儿童积极情感方面，具有非常重要的意义。在日常的校园生活中，儿童接受着许多的规则和要求、面对着大量的压力和任务，他们亟需在某一时刻或某一时间段将自己从中脱离出来，找到释放个体情感的突破口。而庆祝仪式就给了儿童一种异于平常的时刻，在这种交融状态下，儿童能够摆脱身份的束缚，调整身心、释放自己，建立不同以往的人际关系和生活心态，然后再以新的姿态进入社会秩序中。

正如这次毕业典礼结束后，大家自觉地把桌子回归原位，班主任立马调整情绪说道："今天典礼结束了，明天咱就要开始收心了，还有几天的时间就要开始考试了。"同学们也表现出与刚才举办典礼时的不同表情，低着头应声道。其实，在典礼前孩子们就向我露底说："反正晚会结束后，明天又回到原来的样子啦。上次元旦的时候也是，当天大家都很开心，第二天就开始挨手板啊，这次肯定又是那样。"

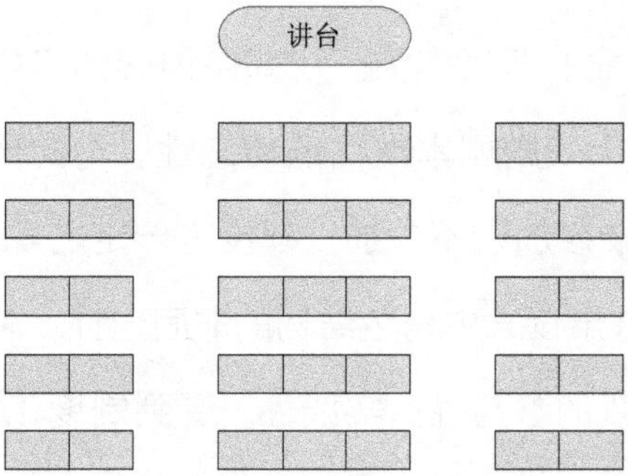

图 3-1　日常课堂的空间分布

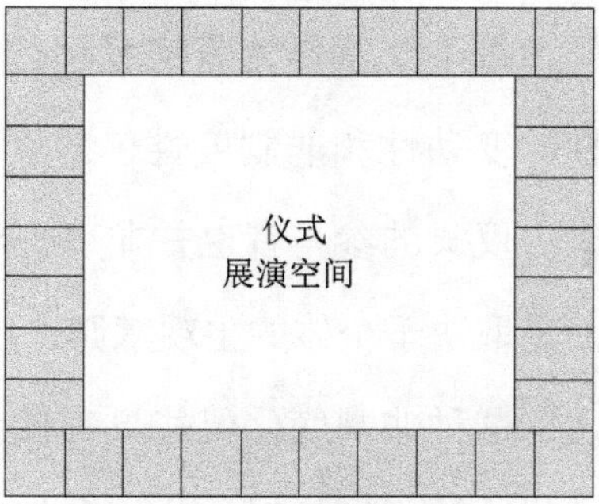

图 3-2　毕业典礼的空间分布

在平时的学校生活中，学习的竞争使得学生生存空间被挤压，成绩是赢得关注的重要资本。但在毕业典礼上，儿童可以通过展示自己的才艺成为焦点。ZZY 的成绩并不好，但他却是六年级班上的"搞笑专家"，他演的小品惟妙惟肖，平时他也能随口编出令人捧腹的笑话，一张嘴就能冒出幽默的词来。毕业典礼上，他与 XJH 共同演绎了一个搞笑、幽默的自创小品，两人配合得很好，大家都哈哈大笑，全场的气氛也变得活跃起来。ZZY 还带领大家跳起了《小苹果》，能说能唱还能跳，成为晚会上的焦点人物。毕业典礼中的他表现得很兴奋，独特的表演天赋、自带的喜感，在节目中表现得淋漓尽致，同学们为他的表演而喝彩，在那一刻将平时所遭遇的鄙夷和歧视暂时搁置起来。然而这是一个具有时效性的场景，当再次回到相对稳定的班级结构中，关系网络并不会因为一次表演的短时间介入而发生根本性的改变。毕业典礼上个体的那个焦点位置只能是点缀式的，微不足道的。

三、小结：制度生活中的例外

周期性的反结构仪式可以看作是一种具有“社会戏剧”意义的非制度化仪式，是制度生活中的例外。它的编排过程不受制度化、规范化的约束，操演过程也未被固定剧本结构所限制，个体的行为也没有“导演”安排，每个儿童作为表演者都进行非正式的即兴表演。仪式中内容的多样性、变动性和非制度性，都反映出社会戏剧剧本结构的动态性。与此同时，仪式的参与者也并非事先确定，谁参加谁不参加，都没有一定之规，而是取决于个体的主观意愿，这也反映出仪式中角色结构的非固定性。总之，这种非制度化仪式具有社会戏剧般的参与性、实践性，受到制度化、结构化的限制相对较小，参与者能够根据自己对角色的理解来即兴表演，演绎一场能够呈现主体性的社会戏剧。

在C校还有类似“元旦晚会”“代课老师欢送会”“感恩节活动”等由学生自发组织的节庆性仪式，均可囊括到非制度化仪式的范畴。它们通过歌曲、舞蹈、朗诵、小品等形式展演，内容是多样的，情感基调是欢乐的，带给参与者欢乐和精神享受。在这种变动性的仪式活动中，儿童发挥其主动性和能动性，规划、设计仪式活动，参与观察仪式活动的开展，分析如何让仪式具有活力并得到有效的结果。因此，庆祝性的仪式活动大多可以被看作非制度化的仪式，主要是借助戏剧化的方式缓和仪式参与者紧张、严格的等级划分，身份和地位暂时“摘除”，“反结构”特征得以显现，这是一个群体和组织不可或缺的仪式活动。

其实，无论是“愚人节”，还是“毕业晚会”等庆祝性仪式，都类似于涂尔干所指的“集体欢腾”[①]。在涂尔干看来，日常生活意味着单调乏味，而集体欢腾则充满了生机和力量。这种非制度化仪式在呈现生机和活力的同时，也突出了特纳所谓“阈限”的特征，我们可以将仪式前后看作社会世俗的结构化时期，将仪式展演的时刻视为“反结构”的阈限时期，作为社会状态分野的临界点。在阈限时期，原有制度性结构下的人际关系化为乌有，儿童在此过程中被赋予暂时的神圣性，个体与个体间属于平等自由的关系，同时也消除了社会结构带来的分化。愚人节中儿童敢于戏弄老师，老师也抛开严肃的“面具”与儿童分享这种快乐；毕业晚会中儿童自主地策划仪式流程，吐露出平时对教师权威不敢言说的话语，老师也与儿童分享自己的不舍以及反省平时工作的不到位，作为情感的个体，老师与学生的状态是平等的。儿童与老师之间在非制度化的仪式过程中形成了一种简单、同质的关系，达到了一种精神的、灵魂的和情感的交融状态。在这种制度化生活暂时的中断过程中，无意识的脱序成为儿童难得的放松时刻。

在学校生活的日常状态下，强调尊师重道的理念，儿童与老师之间的关系一直都保持着相对稳定的结构模式，老师是权威的存在，儿童作为被规训的对象。然而，在非制度化仪式中，人们的关系开始处于稳定结构交界处的“反结构”模式，儿童被允许发挥自己的主动性，突破身份限制和尊卑等级。在仪式的过程中对日常结构加以反思和颠覆，这能够暂时消除

---

①“集体欢腾”是由涂尔干在《宗教生活的基本形式》中提出的，指澳大利亚土著在定期聚集举行的各种仪式活动中，个体在集体活动的狂热状态下变得冲动、情绪激昂，内心重新被激起社会存在的火花。涂尔干列举了大量的集体欢腾场面，以此回答“宗教观念是如何在这种欢腾中产生”的问题。实际上，集体欢腾中体现出的宗教力是群体在群体成员中所激起的集体情感，这种情感使之从凡俗的感触中超脱，并被对象化地固定在某种客体上，客体因此呈现出神圣性，如果仅仅靠个人的力量是难以维持的。这同样可以用来解释各种团体定期集会，个人在公众场合与独处时的不同表现，大规模仪式活动对个体的刺激等现象。

日常的不平等状态，有利于缓解师生之间的冲突，这种非制度化仪式比制度化仪式更具游戏性和娱乐性。通过特纳的仪式化“反结构”理论，不难发现，儿童以一种“游戏”的心态参与其中，获得与现存制度化学校生活不同的情感体验，使得学校生活中不可言说的矛盾得以化解。同时，置身于这样的仪式过程中，不再存在上下关系，仅仅体现为“我和你”的平等互动关系。其实，“我们每个人的生命经历中都包含着对结构和交融及状况和转换的交替性体验”。在这种体验中，没有等级之别、没有身份局限，打破了规整的社会关系，单纯呈现了“人”的本性。

然而，这种类型的非制度化仪式虽然具有“反结构”的特性，在仪式中人性得以展现，并对社会结构进行反思，但它具有阶段性、周期性，对个体产生的影响是短暂而非持久的，对儿童日常生活的影响也是暂时的。仪式结束后，结构依旧存在，儿童作为个体依旧在结构中被规训、被约束。也就是说，在学校生活中的儿童不可能总是处于欢腾状态，这种“集体欢腾”之后的日常生活中儿童如何处理自己与社会、结构之间的关系，如何凸显自我呢？

第二节　日常性的日常仪式：儿童主体持续在场

在人类学的研究中，仪式最早被看作是一种与天地鬼神交流沟通的手段，它通常与巫术、宗教和神话有着密不可分的关系。然而，随着时代的变迁和社会的变革，现有的仪式研究开始呈现出日常化、精致化、微观化等趋势，日常仪式越来越多地进入到学者的视野中。当然，这与后现代主义思潮的兴起不无关系，它在瓦解社会整体性宏大叙事的同时，也让研究者开始关注具有个体化、日常化特征的微观事物。日常与非日常是相互联系而非独立存在的，文化研究需要在日常生活中进行观察。人类学家不仅需要花足够长的时间与研究的群体生活在一起，大到仪式庆典，小到一日三餐，还需要在习以为常的生活中寻找意义。在“家庭”领域，学者对早餐仪式的研究表明，早餐时家庭可以共同讨论儿童在学校面临的问题，帮助孩子做好上学的准备，它是家庭经历自我确认的过程，会让儿童产生归属感和群体意识。在餐桌的日常仪式中，亲子间和儿童自身之间产生互动，潜在的破坏性通过仪式的力量得到疏导[①]。在学校的日常生活中仪式也无所不在，儿童在仪式中通过各种表达意义的符号进行社会互动。本节重点讨论的是在学校的日常生活中儿童或儿童间的日常仪式，展现个体如何实现自我呈现，实现与他人、与社会的交流，使其成为“社会人”。

一、日常仪式：走进儿童的日常生活

当我们将研究视角放在日常生活中的仪式时，“日常仪式化行为”（Ritualized Daily Practices/ Daily Ritual Activities）的概念引起了笔者的注意。“对日常仪式化行为的关注延续了将仪式研究从起初集中于神圣的、宗教的、神秘的活动拓宽至世俗的、日常的活动的传统，从而将现代社会中具体的、日常的具有象征性意义的活动也纳入仪式的研究领域（Gusfield & Michalowicz，1984）。”[②] 埃里克森明确提出了日常仪式化行为的重要性，同时强调要把重大的、公共的仪式与个人的日常仪式化行为联系起来，只有通过日常仪式才能使得制度化仪式带来的变化和意义加强、深化；同时突出了仪式化行为能够将现在与过去象征性地联系起来，

---

①［德］克里斯托弗·乌尔夫，赵雅量：《教育中的仪式：演示、模仿、跨文化》，《北京大学教育评论》2009年第2期，第130—142页。

② 吴艳红、J.David Knottnerus：《日常仪式化行为：以知青为例的研究》，《社会》2005年第6期。

对行为主体在适应生活变迁过程中所经历的困难和危机有缓解作用①。

国外关于日常仪式化行为无论是理论层面还是经验实践层面的研究都有所发展，研究范围涉及不同的日常环境、不同人群（学生、消费者等）的日常仪式化行为（Gusfield & Michalowicz，1984；Rook，1985）。国内关于日常仪式化行为的研究并不太多，吴艳红关注“知青”群体，通过分析其特定日常仪式化行为的形成过程，展示社会、集体和个人在此过程中扮演的角色②。汪国华以“农民工”为研究对象，勾勒出为融入城市社会、再造生活意义，农民工重构的一系列日常仪式性活动，包括日常工作仪式、日常休闲仪式、日常情感仪式和日常消费仪式，城市社会与新生代农民工之间在日常仪式中也呈现出层级化的趋势③。但是汪国华在文中使用了“日常仪式”“日常化仪式”“日常行为的仪式化”，这些概念的交互替换使用是否恰当，这是值得思考的问题。

最早提出“仪式化行为”概念的是格兰姆斯，他将其归为仪式类型中的一类，前文已有介绍。然而关于日常仪式化行为，学界还无明确的定义，只是对其所必备的因素有所共识（Rook 1985；Knottnerus 1997，2002）。它主要具备五个特征：第一，与信仰和观念等不同，它是一种行

①［美］爱利克·埃里克森：《游戏与理智——经验仪式化的各个阶段》，罗山译，世界图书出版公司 2017 年版，第 1 页。

② 作者日常仪式化行为的四个特征：日常性、社会性、象征性和程序性。在文中涉及的知青日常仪式化行为主要包括：政治仪式（包括早请示、晚汇报、背语录等政治学习，还包括各种政治庆祝活动），讲故事，唱歌和其他音乐活动，养动物，打扑克，写日记、写信，从事重活，读书、读报和写作，发展爱情，接近自然，保持个人兴趣（音乐和体育），着装。——参考自：吴艳红、J.David Knottnerus：《日常仪式化行为的形成：从雷锋日记到知青日记》，《社会》2007 年第 1 期。

③ 汪国华：《生活意义的再造：新生代农民工日常行为的仪式化研究》，《中国青年研究》2010 年第 4 期。

为或一组行为；第二，它与日常生活联系紧密，是在日常生活中重复进行的一系列固定的序列性行为，具有日常性、例行性；第三，它在操作过程中一般遵循一定的程序；第四，它具有社会性，可能由多人完成，也可能由个人完成；第五，它具有象征的意义，可能是行为人有意识赋予的，也可能是在实施时无意识的考虑①。从行动的频率来说，日常行为几乎每天每时都在发生，但是仪式行为只是偶然或定时发生；从行动的目的来说，日常行为是为了满足衣食住行等基本需求而开展的实用性行为，而仪式行为则具有超越常态的行为特征②，是为了表达某种精神价值的行为。

区别于其他自主性或者习惯性行为，日常仪式化行为的不同之处主要在于：它具有象征性意义，参与者表现出更高水平的投入，能产生更高水平的情感反应，具有过程性及更强的保持性（Tetreault & Klelne-Ⅲ，1990）③。事实上，日常仪式与习惯性行为有些共同的特征，有些仪式是习惯性进行的，但不是所有的习惯都属于仪式，也不是所有的仪式都是习惯性的活动。例如：婚礼是一种常见的仪式，但不是习惯；吃巧克力可能是晨起的习惯，但不构成仪式。一般来说，仪式是一种更大的、更复杂的体验，而习惯是类似系鞋带等简单的行为。尽管有些习惯是复杂的，但是相对于仪式来说它们缺乏对个人的意义，所以不能把仪式简单等同于习惯性行为。习惯性或常规性行为（即一套规范化的动作流程）通常具有功能性

① 吴艳红、J. David Knottnerus：《日常仪式化行为：以知青为例的研究》，《社会》2005年第6期。

② 刘晶：《论中国共产党入党宣誓仪式三重功能——以塑造宣誓者党员角色为视角》，《三峡大学学报（人文社会科学版）》2021年第4期。

③ Tetreault, M.A., & Klelne-Ⅲ, R.E. *Ritual, Ritualized Behavior and Habit:Refinements and Extensions of the Consumption Ritual Construct*, Advances in Consumer Research, 1990(17):31-38.

或实践性，与行为的目的息息相关；而仪式的行为具有象征性，与仪式目的通常无直接关系。因此，与日常的“习惯”行为不同，日常仪式化行为是被行为主体赋予了丰富的象征意义，而不仅仅是基于实用的目的，即仪式行为的意义远远超过了动作本身，用来表达某种情感或表现某种意义。这种仪式化行为将过去、现在与未来关联在一起，帮助我们理解社会、理解世界。基于此，本研究把“日常仪式”界定为：以个体或小团体为参与者，具有日常性、象征性的程序化活动。在学校场景中，它并非由学校制度规范或强制实施，因此我们将其纳入到非制度化仪式的类型中。

相较于学校传统的、集体性的制度化仪式来说，日常仪式通常以个人或者小团体的形式来表达和实践，相对而言其规模较小；同时，由于日常仪式具有日常性的特征，使得行为本身及其实践更为具体和细节。从功能方面来说，制度化仪式在凝聚集体、维持学校秩序方面有较为重要的作用，而日常仪式则更加注重行为个体内心的秩序，即使在行为人遭遇到生活困境时也能积极地参与社会活动，更清楚地认知自我，使行动主体重新建构生活的中心和稳定感。也就是说，“通过仪式化的行为，内在事物变为外在事物，主观世界的图景变成社会真实”①。所以，我们不仅要了解儿童在学校制度化仪式中的表现，更要看到儿童在学校生活中的日常仪式，反复经过生活验证的行为才能把集体所特有的“生活方式”内在化，才能成为内心的体验，感受到自我存在的价值和意义。

因此，为了更加接近儿童主体的感受，本研究不仅从偏重于社会性的学校制度化仪式出发，同时将偏重于个体性的日常仪式纳入研究范畴。目前，国内已有学者对学校制度化的日常仪式进行过研究，例如每日的课堂

---

①［美］大卫·科泽：《仪式、政治与权力》，王海洲译，江苏人民出版社2015年版，第12页。

仪式，由于每日或经常在学校举行，容易让参与者产生疲乏和懈怠。同时，这是由老师、儿童构建的社会和空间，其中运行的文化逻辑基本类似于制度化仪式中的运行机制，儿童个体被压制在学校或教师的监管和规范之中。当然，它的经常性呈现，也可以强化仪式参与者的价值取向和行为方式，学校日常仪式对儿童的影响也是浸润式的。

然而，本书的焦点并不在于学校制度化的日常仪式，主要讨论的是以儿童个体为主体的日常仪式和以儿童间的小团体为主体的日常仪式两大类。在此基础上，通过日常实践和具体仪式考察儿童的行动，倾听他们的言说，理解他们的行动逻辑和情感体验，以期准确把握儿童主体性呈现的方式及日常仪式对儿童的主要作用机制。

二、个体的日常仪式：走进儿童个人的意义世界

当儿童面对学校制度化生活中的制约和规范，以及遭遇内心秩序失调时，制度化仪式并不能深入到儿童个体的私人领域，此时，在制度化生活之外儿童会去构建属于自己的日常仪式。所以，从儿童的生活情境出发，关注儿童的体验感悟，将学校的生活世界与儿童的生活世界紧密相连，能够唤醒日常仪式背后蕴藏的价值理性和教育意义。下文试图描绘日记这种个体化的日常仪式，呈现儿童如何突破制度化的学校生活，寻找自我意义世界的过程。

（一）游离群体之外：制度生活中的个体

翻看学校的贫困生档案，笔者注意到了她："花花，女，12岁，我校五年级学生。父母离异，随父生活，父亲务农，并患有轻度精神疾病。生活极度困难。家访时花花的父亲正因病卧床，不能与来访老师交流。"这是2016年C校家访时记录下的情况。当我进入五年级进行田野调查时，一

眼认出了她，瘦瘦的，长长的马尾辫，每天都身着校服，大眼睛中透露出紧张，看起来腼腆安静、沉默寡言。当我在教室与五年级其他孩子嬉闹时，偶尔会瞥见她看着我们也跟着笑。上课我会特别关注她，有时她好像知道我在看她，转头与我目光对视，我俩互相一笑，她便很不好意思地转回头去。每次路上碰到我或其他老师，她都会很有礼貌地鞠躬并说“老师好”。

1. 可怜的个体：老师眼中的花花

这个孩子，她非常的安静，安静得让人心疼。以前花花都不会笑，四年级的时候，老是生病，头痛不舒服，就给她二伯伯打电话，她的二伯伯是个光棍，但是今年春天她的伯伯也去世了。她父母很早就离婚了，她跟着爸爸生活，但是她的爸爸自从离婚后就喜欢酗酒，一醉好几日，根本就没有办法管她。妈妈是四川人，与她父亲离婚后嫁给了同村的另一个人，当了我们学校六年级学生的后妈，并与那人有了自己的女儿，但是从来都不去看花花一眼。有人劝她说你应该去看看孩子，她妈妈说“哪个母鸡不捱过一个鸡蛋”，就是说没有哪一只母鸡不丢掉一个鸡蛋的，反正就是从来不去管她，不看她。或许是四川人对这个孩子的感情不深吧，这也与当地买媳妇的传统有关系。孩子安静得就是上课也不回答问题，你让她背的东西她能一字不差都给你背下来，所有的基础知识她肯定一个字都不会错，但是那些动脑筋的、比较活泼性的题，她一道也做不出来。

我也特别关爱她，她病了我会给她找药，安抚她；别人欺负她了，我就给她出气。我就感觉孩子真的是太可怜了，让人心疼的感觉。花花上四年级的时候，都到夏天了，还每天穿着一件羽绒服，问她不热嘛，是不是没有衣服穿，她也不回答。于是，我就问学校老师要了一些她们女儿的衣服给她，可她还是不穿。有一天，我拿了一件我女儿的衣服给她，二百多元没怎么穿过，把她叫到家里，先和她说了一些人生的大道理，然后把衣服递给她让她穿上，穿上后说“你穿上这件衣服真漂亮，像换了一个人。你能不能给我笑一个，我看看你会不会笑?”于是她忍不住扑哧笑了出来。后来，慢慢关爱她，她也感受到了，就稍微开朗一些。①

在与语文老师的多次交谈中，得知原来花花的爸爸是个酒鬼，连自己都无法照顾。以前她二伯伯在世的时候会管她，如果遇到花花头痛不舒服，就会打电话让二伯伯把她接回去。但是次数多了，二伯伯也不太管，有时会说“我在睡觉，太晚了，明天去接吧”。于是，一旦她有个头疼脑热的，张老师只能自己给她贴头疼的药，慢慢地花花也学会了照顾自己，生病的次数也渐渐少了。每星期回家花花都要帮家里干活，爸爸醉醺醺地躺在床上，完全没有办法行动，她回去后不仅要自己照顾自己，还要照顾爸爸，洗衣、做饭都是她自己来，承担一个女主人该尽的义务。穷人的孩子早当家，花花过早地体会到了生活给她带来的艰辛。在老师的眼中，花花是可怜的、不爱笑的、不自信的个体。

2. 被遗忘的个体：制度化生活中的花花

花花很乖，在班上学习成绩并不好，特别是数学，经常会不及格。课堂上也不会主动举手发言，即使老师的提问很简单，她也不会主动回应。与花花进一步接触后，她说自己非常自卑，害怕和同学们交流，如果他们知道她的家庭情况或许会看不起她。在这种意识的主导下，花花也一直封闭着自己。但其实后来各种助学捐赠仪式，已经让她之前的“隐藏”暴露

① 来自 2017 年 6 月 24 日对五年级语文老师张老师的访谈。

无遗，学校用各种制度化的方式塑造了贫困生的形象。于是，花花更加被边缘化，甚至有时会自己主动边缘化。

> 上午课间操有颁奖，老师们一个个从办公室下来了，我看到那些老师们手中拿着笔、本子、奖品之类的。开始发奖了，那些上去的同学一个个都领了奖状，我看着很难过，那些领奖的人一定很开心。我在台下看着，心里很不是滋味，我多么希望上台的是我，那该多好啊！虽然我没有领到奖状，我希望下一次考试各项都好。①

制度化仪式中的奖励是制度化组织对个人行为的回应，奖励在赋予儿童个体意义的同时，也在一定程度上规范着儿童个体的生活。制度内的奖励是个人生活中的大事件，那些成绩优异者可能成为制度化仪式中的“宠儿”，但他们何尝不是在学校制度的塑造下成为的积极者呢？在制度化的生活中，个体处于外在标签的评价体系中，以此来标定自己的位置。个体的“我”处于种种不同的网络关系中，受到他人、关系的制约，被种种关系所塑造。花花的成绩和家境让她无法自信，她内心非常希望与其他同学做朋友，也渴望自己能像他们一样敢在众人面前发言。四年级时没有人和她玩，她也从来不主动结交朋友。五年级时遇到两位学习不太好、被制度化学校生活所排斥的同学，他们就自然而然地组成了一个小团体。

---

① 发生在2017年3月1日课间的颁奖仪式，为了表彰上学年成绩优异的学生而举办。之后，与她QQ上谈到学习的时候，她其实也是充满了期待，希望自己可以学习好，然后出去看看外面的世界，看看外面有些什么好玩的。

五年级每周二晚上班主任都会组织开展班会，这也是学校规定的“仪式”活动。由于大家对班长的性格和工作组织方面的意见比较大，班主任就建议每个人发表看法，“如果你是班长，你会怎么做?”花花说道：

> 假如我是班长，我会对班里负责的。我首先会提醒大家的卫生，我的学习不怎么好，所以要向别人请教，我的各个科目都不是很好。我希望我自己加油！也希望大家加油！大家的纪律也非常不好，大家经常一张口就骂人，我觉得这种行为不对，我平时很少说话，我没有这个能力当班长，在平时的生活中，我做错事，我说错话，她们都会骂我、顶撞我，我躲在角落暗暗伤心，所以我希望大家能开开心心的！①

花花的话语中，透露出对自己的不自信，“学习不怎么好”“很少说话”“没有能力当班长”，也表达了自己受到的待遇如何，但最后还是送上对大家的祝福。总之，在其他同学的眼中，她似乎微不足道，她不会因吵闹而影响他人，也不会因成绩而被他人称赞，有同学对她的评价是“班里最不起眼的人物”“不善于人际交往的人”。她就那么一直在自己的小世界里待着，让人没有太多感觉的一种存在。情境能够决定个体角色，也能塑造个体的情感能量。那些成绩优异者，或拥有社会资本的儿童可能成为制度化仪式的宠儿，然而这些所谓的“弱势群体”，却成为在制度化仪式中被忽略的个体，其本质而言就是拥有较少的情感能量。他们对学校仪式缺乏认识，不容易被团体活动所吸引，缺乏积极主动参与的自

① 这是五年级 2017 年 4 月 11 日举行的班会，主题是“如果你是班长，你会怎么做?”每人都必须发表自己的看法。

我意识，基本上都是游离于仪式之外。然而，这种游离为他们下一次参与学校仪式奠定了情感基调，形成了际遇循环，长此以往就容易造成情感的不平等。

我们之所以要提倡“阳光下的注视”，就是因为在现实的学校情境中存在着一些不平等对待孩子的状况。那么，这些被遗忘的个体在学校制度外做过怎样的自我找寻呢？会选择怎样的仪式手段来抗争制度内的生活呢？我们只有跳脱出权威的角度来观察时，才能够更深刻地理解儿童的差异性、个体性，才能够更客观地看待儿童行为的内在意义。更进一步地，当我们把眼光放在儿童主体身上时，才发现这些被遗忘的个体会将自己从制度层面的生活中抽离出来，开始用心感受自己日常生活中的点点滴滴，在自己建构的日常仪式中开始寻找自我。

（二）主动找寻自我：现实世界中的个体

在学校的制度化场合中，花花与我总是有些距离的，虽然她也曾和同学们一起来我的宿舍玩耍，但她都是默不作声，听着其他同学与我的谈话，保持着脸上淡淡的微笑。与花花进一步接触是通过QQ，她主动加了我[①]，这让我看到了花花的另一面。初次对话是从她在QQ上说“赞”她开始的，刚开始我并不懂是什么意思，还以为他们刚刚考完试，需要我鼓励一下她。明白我的不解后，她详细地告诉我如何操作QQ，“先打开联系人，然后再打开‘落落’[②]那两个字，头像右边有一个大拇指，点十下就好了”。还没等我开始行动，她就先发制人，“我都赞了你十次，你也应该赞

① 2017年7月6日早上5:57花花加了我的QQ，于是我们经常会在QQ上聊天。

② “落落”是花花的QQ昵称，头像则是一个非主流性的少女，这与制度化生活中的她存在很大差异。

我十次”，显然这与平时学校的她有所不同。

2017 年七八月的暑假期间，只要她在线，我们每天都要聊天，她主动提出：“我要去唱歌啦，唱完歌后会发给你，让你听听。”不久，两首《欧若拉》《God is a girl》的 K 歌音频发了过来，声音中透露出自信，极具张韶涵似的穿透力，再次让我见识了完全不一样的花花。原来她还有唱歌的天赋，不仅爱听歌唱歌，她也有自己喜欢的明星，像李玉刚、乌兰图雅、凤凰传奇、张韶涵、王蓉、陈学冬、朱一龙……之后的聊天，她时常会发送自己认为好听的歌曲音频给我，还会给出自己的评价，例如“这个女孩唱得特别清楚”“她的发音特别特别准”之类的。当我问她“你的梦想是什么呢”，她告诉我：“我的梦想是当一名歌手，我希望我的梦想会实现，我听说，不管是同学还是家长过生日的时候就会许下一个心愿，但这个心愿说出来就不灵了，这是真的吗？但是我才 13 岁，年纪还小，还得好好努力地学习，只有懂得知识，所以我今后一定要努力。”日常生活中的花花，不再是那个制度化学校生活中躲在角落里的人，而是在积极主动地探寻不同的自我。

（三）构建多重自我：想象世界中的个体

制度对花花事功层面的成绩进行了评定，但是花花似乎没有让自己的方方面面都被打上制度的烙印，她也有着自己的语言、品位与追求。语文老师会要求孩子们写日记，以培养学生的写作能力，日记的形式是每天抽取几个成语，将成语连成一个小故事或者一段完整的话。学校制度化的日记固然很好，但若将日记教条化，记录的就不是个体真实的感受。花花除了完成老师制度化的规定外，自己也有记日记的习惯。我将她“写日记”称为一种个体化的“日常仪式”，原因在于日记需要每日记录且有固定的写作格式，具有日常性、程序性，更为重要的是，对花花而言日记的象征性大于实用性。日记对个体可以产生重要的作用（Burt，1994:197）①，能够提供一个表达思想和感情的通道，也因此具有缓解紧张、应付情感问题的功能，是构建内心秩序的重要方式，对个体的意义极大。

写日记成为花花日常生活中的魔力时刻。在与她熟识后，她告诉我一般在日记中会记录自己的心情、当天发生的事情，但她更把日记当作自己的幻想世界，一个虚拟的、美好的世界。想象（imagination）可以被看作一种心理上的仪式化行为，它在很大程度上能对个体的行为表现产生影响。花花生活在自己编织的意义网络里，在日记里面，她与自己对话，想象美好的生活：

> 相对于现实生活来说，我更喜欢日记中的生活。每天晚自习最后一节阅读课，我都会静静地坐在桌前，在日记本上随意地写上几笔，完全是随心所欲地写。翻开日记本，写上年月日、星期、天气，记录自己的心情和生活，幻想自己美好的世界。在生活中不想让人看见，不敢说的，在日记里都可以写。

正如艾娃·亨特（Eva Hunt）所说，"仪式既为潜在的对抗情绪提供了一个安全的宣泄口，也提供了一种限定性的框架，使得潜在的失序或混乱能够在控制中"。在日记中花花指出，"在生活中不想让人看见，不敢说的"，这充分表达出她认为自己不属于制度化的生活，制度化生活剥夺了她倾诉的机会。然而，个人的力量不足以抵抗制度，于是她开始在非制度化的生活中寻找自我倾诉的方式。人能够创造符号并使用符号，同时对自

---

① Burt, Christopher D.B. *An Analysis of a Self-initiated Coping Behavior: Diary-keeping*, Child Study Journal, 1994(3):197.

己想成为怎样的人也有着选择的权利。在这种自我选择的过程中，理性认识、符号建构以及社会要求都统合在一起。在这种由文字构成的符号世界里，花花通过独特的话语描述自己的期望、价值观、目标等，“我”不仅仅是局限于具体的人际关系层面，而是拓展出具体之外的想象空间。

当然，无论有怎样的奇思妙想，有怎样的灵感来构建自己的形象，都需要用自己的行动来实践。正如吴艳红将知青日记作为日常仪式进行的研究，发现在特定年代的特定环境中，知青日记无论是在内容、结构层面，还是在语言风格方面都具有鲜明的特征。花花正是用“日记”的日常仪式，来反映扩展自我行为空间的愿望，来吐露自己对美好生活的渴望。日记写作的象征意义与个体内在的性格有关，花花的日记表达和抒发个人的思想情感，她有她自己的形式、自己的内容，也有自己的内在逻辑和精神。经得她的同意[①]，摘录了几篇日记：

1.“温馨”“漂亮”的家

我家在去年过年的时候，从低矮的平房搬进了高楼大厦。望着崭新的家具，乳白色的墙壁，还有我那充满童趣的小天地，我高兴极了。（2017 年 1 月 4 日）

自从搬到新家，我有了属于自己的小天地。爸爸妈妈还精心布置了一番，除书桌、书橱外，还有一张漂亮的小床，当然还有我喜欢的可爱的娃娃和一些精美的小工艺品，我的房间变得好

① 每次 QQ 聊天时，当我要问花花一些关于她的家庭问题时，我觉得孩子会比较敏感，一般都会问：“想问你一些问题，可能会触碰到你的伤心处，不知是否可以？”“我想把你的故事写下来，可以吗？”她总是会说：“没事，没关系，你问吧。”孩子的接纳让我尤为感动。在研究中，特别要注意对参与儿童身体性的、社会性的和情感性的保护，他们不仅仅是被动、消极的研究对象，更是积极的研究参与者。

温馨、好漂亮。以后就可以在这里读书、写字了，真是太棒了！

（2017 年 1 月 6 日）

这是花花在日记中描绘的自己的家，“童趣”“漂亮”“可爱”“精美”“温馨”构成了家的特征。在这个空间里，你会体验到花花精神的愉悦感。然而理想与现实存在落差，应该说是幻觉和真实的对比。当我走进了她的家①，沿着村里屋子间间隔的小路走着，路两旁都是破败不堪的房屋，你一定不会想象这里还住着人家。在一堆胡乱摆放的煤炭和垃圾堆旁边，我看到了花花所说的“高楼大厦”。班主任刘老师以前在这个村里教书，对花花的情况比较了解，他告诉我“她的家确实是从平房搬出来了，那是因为以前的屋子实在不能住了才换的房子，但是现在的家依旧破败不堪，哪里能够称为一个‘家’呢”。踏上几个土台阶，院子里有三间房，一间锁着门里面空荡荡的，另一间像个草棚的屋子里面堆满了杂物，还有一间就是花花的家②，他们所有的生活都在这个 30 平方米左右的房间里。1 月份的五台异常得冷，花花的家里却没有暖气，只是在屋门后的一角烧着煤炭取暖，满屋的煤味儿，烧煤炭的台子上摆放着一碗大概是他父亲中午未吃完的面汤。黑黑的煤末一直拖到屋里、地上、床上……他的父亲坐在床上，整个人的手上、衣服上满是黑色，屋里床上的床单不知多久没有换过，这是家里仅有的一张床，12 岁的花花与她的爸爸共睡一张床。无论是床上的铺盖、家里的陈设，还是家庭透露出来的气氛，就一个字——“黑”，黑色的贫穷，以及弥漫在“黑”中的凄凉和无奈。与我同去的花花表情有些拘谨，抑或

---

① 2018 年 1 月 6 日，我来到了花花说的这个“温馨”的家，眼前的一切与之相差极大。

② 后来通过班主任才知道，因为政府土地征收获得了一些赔偿款，所以二伯伯在世的时候用赔偿款建起了这三间房子，这好歹也有个家的样子，花花他们之前的房子实在是无法住人。

是不安、自卑。她的手一直放在嘴边，整个人蜷缩在那里非常不自然，这与我在 QQ 上认识的花花判若两人，我只能用手搂着她的背以缓解这种尴尬。她见到父亲时什么也没说，似乎想把自己躲起来一样。

但就是这样一个不起眼的家，花花在自己的日记中却把它想象得那么美好，那是一种对美好生活的追求，对于未来的憧憬，是平时日常生活中凭借理智的力量所无法触及的地方。在这样虚拟的生活中，这个承受重荷的女孩幻想为自己的生活增添一丝色彩，想要更加清晰明了地感知自己的“整体存在”。

在日记中，她用自己的想象力和语言表达能力为自己构建了一个个情境，日常生活中无法实现的愿望在幻想中得以展开。不过，这种日记中所有象征符号的获得赋予了花花一种自信，似乎遥不可及的东西也可以唾手可得。花花的这种行为或者说想象是具有意义多样性的，在这种多样性的背后可能蕴含着一段道德认知的过程：别人有好的东西我也要有，别人有多少我也要有多少，我得不到，但是我可以想象，“我”在这里是一个大写的自我。

2.“爸爸”“妈妈”的日常生活

“家”，是人们日常生活中最重要的“世界的中心”，在每个人心目中都能唤起一种神圣的、特殊的情感。家的构成并非仅仅是房子、住所，有些人有房屋却没有“家”。“家”更多的是居住在里面的人与人之间因互动而产生的温情，家中人物间的情感关系则是构成这种温情的关键要素：

> 我的爸爸吃饭特别快，狼吞虎咽，我的嘴巴小，他吃一口我得吃上好几口，就像几天没吃过饭似的。我一碗还没吃完，他已经吃了三碗。看我吃得慢，他还会说我，这时候妈妈就会站出来说，“你要是干活有这么利索就好了”。爸爸立马没话说了。（2017 年 1 月 10 日）

我爸爸什么都好，就是特别喜欢抽烟，有时一天甚至能抽上一盒。他的手指甲都黄了，门牙也被熏黑，烟瘾可大了。今天，爸爸抽烟不小心把衣服的袖子烧了个洞，妈妈为此和爸爸闹不开心。还好爸爸及时认错，妈妈原谅了他并把袖子缝好，爸爸也很少抽烟了。（2017 年 1 月 11 日）

在花花的日记中爸爸妈妈时时刻刻都“在一起”，而现实中她的爸爸妈妈早已经离婚了。作为一个单亲家庭的孩子，班主任认为“这都是她想象出来的，她也只能想象。她在现实生活中无法得到，因此就在想象的世界中，想象自己应该拥有怎样的家庭和生活”。现实中，她的爸爸确实爱抽烟，还爱喝酒，花花也说过：“我希望我的爸爸不要抽烟了，这样有时候都不吃饭，眼睛都陷下去了，抽烟会伤自己的身体，也会伤到我的身体，真希望他把烟、酒戒掉，我这样每天都看着他一天天抽了这么多根，这一天下来，总共就抽了那么多根，我希望他早日把烟戒掉。”笔者在 2017 年 7 月召开贫困生家长会，以及每大周“星期”家长接孩子回家时见过她的爸爸，当时我还以为那是她的爷爷，个不高，黑黑瘦瘦，眼眶下陷，有时走路还打晃，估计那会刚喝了一些酒，48 岁的年龄正值中年看起来却如 60 岁的老人般。2018 年 1 月 6 日，笔者在家中看到她的爸爸时，他的精神依旧没有什么好转，他盘坐在床上看电视，不怎么说话，只是我们问一句他答一句，也就是说些身体是否好转、问些花花的简单情况。这样的场景让人感觉甚是压抑，难以想象平时花花与他父亲之间是否有交流，逐渐陷入“他者”境界中的我赶紧抽离出来，向花花的父亲道别，并希望他身体可以好起来。面对这样的生活，花花只有将自己的美好愿望写在日记中：

我刚写了会儿作业，妈妈就买菜回来了。她进门后水都没喝，就开始忙起来，洗菜做饭。午饭时，香喷喷的大馒头，清爽的大白菜，色香俱有的西红柿炒蛋，美味的炸土豆……都摆到了饭桌。太好吃了，吃着这可口的饭菜，心中顿时充满了幸福感。（2017 年 1 月 15 日）

日记中的花花，将“妈妈”的角色想象得如此美好，平淡的家常菜却让人幸福满满。然而，真正的现实生活又是怎样的呢？2017 年 7 月 10 日中午 12 点，与花花 QQ 聊天时，问她吃过饭没，她回复说：“没有，不饿，刚刚吃过零食，而且不知道该吃什么，吃不下去。”虽然只是一次偶然的发问，我想这大概是花花的常态，小小年纪的她要做两个人的饭，甚至连长期不按时吃饭会有胃病的概念也没有。2017 年 10 月 22 日的一次聊天中，她告诉我昨天村里有人结婚，听到有人敲锣打鼓的，晚上做梦就梦见自己的亲人去世了，她哭得非常伤心。在我的追问下，她说梦中死去的那个人是她的妈妈，她感觉自己当时哭得也差点死了。她的妈妈在她 7 岁那年离开她，但还是在同一个村，经常会见面也会讲话，但是她不会叫她“妈妈”。不过，在与我的交流中，她却时常会提及“妈妈”这个词：“我看到妈妈的手机套坏了，好想买一个给她”；“我想买几袋泡芙，自己吃点，给妈妈两袋”；“我在拼多多上给妈妈拼了口红，可惜没有成功”；“明天就是母亲节了，我真想对妈妈说：‘妈妈，您辛苦了！’”……时常碰见妈妈，却无法得到母爱，但就是这种遇见也让花花格外珍惜，“或许就是心里害怕妈妈离开我，所以做的这个梦”。

3. 幻想中也有无奈

在日记中，花花有意识地从惯常的生活中解脱出来，投身于自我的世界。在这个世界中，她理解自己的生命、营造自己的庆典，然后有意识地返回到日常生活中。正如花花所说，日记中有时也会记录自己的心情，那些无法抹掉的记忆，希望用笔记录下来。二伯伯的离世给花花的打击很大，她多次在日记中写道：

二伯伯你在那边过得还好吗？我好想你啊！你还记得吗？在你没有生病的时候，一到星期天你就接我上下学，那时我好开心。你每一天都逗我开心，把我逗笑，我有不会做的题的话，我就让你去教我写。你还记得吗？放假的那一天，你没有来接我，那天你也正好病了，回到家后，我看见你躺在床上，我都快哭出来了，过了些日子你每天躺在床上不起来，你每天就是喝凉水。而在今天你却睡了长觉，永远都不会醒过来。我看着你那苍白的脸，看着你那穿着美丽的花衣服的时候，我的眼泪情不自禁地落下来，我知道你和爷爷、奶奶在天上看着我，每当我看到你的相片的时候，我的眼泪就落了下来。二伯伯，我相信你看到这是我写的日记的时候，你一定会为我落下泪。我希望你一定要记得我。（2017 年 1 月 5 日）

二伯伯，我好想你啊！你刚刚去世，在你临走时我想和你说几句话，我害怕，可是没有来得及说。你和奶奶、爷爷、小花狗，她、他、它们都团聚了，我和爸爸都很孤独，没有人陪我们说话。在你生病的时候，姑姑和爸爸劝你说："要不然带上你去医院看看吧！"可是你死活都不去，你每天躺在床上，你所挣的每一分钱都攒着存起来，你临走时对我说："箱子上的钥匙交给你管了，一定要把箱子上的钥匙带好，不要丢了，不要让其他人乱动，尤其是陌生人。"我听了嘱咐，眼泪不由自主地落下来。我现在到了学校，爸爸一个人在家里，孤独、寂寞，没有人陪他说话，没有人陪他乐。在你没有生病的时候，也在我伤心的时候，是你把我逗乐，我脸上的微笑就笑得更加灿烂。这种事我永远都会记住，我也希望你把我和爸爸都记在心里，不忘记我们。也许我们永远都见不到了，但是我可以从照片上看着你的脸。希望你永远把我记在心里。祝你一路平安。（2017 年 2 月 22 日）

面对了太多的生离死别、病痛的折磨，花花也就异常珍惜眼前的生活，变得格外敏感。爸爸身体不好，用她的话来说“爸爸非常虚弱，干不了活，不能上班。爸爸现在手上都没钱了，把银行卡里的钱都给花完了”。这些都让花花在精神上承受着巨大的压力：

昨天上午我刚从学校回来，一进家门就看见爸爸输着液，大姑姑在做着饭，我看着爸爸的脸色渐渐地好了起来，话也能说清楚了。上个星期回来后爸爸就病得不轻，我很担心，这个星期回来我就不那么害怕了。我希望爸爸把烟和酒都戒了吧！希望爸爸能一天天好起来。（2017 年 4 月 13 日）

不过，坚强的花花也在老师、同学的关爱下，渐渐地感受到了温暖，并传递着这种温暖：

今天晚上我给爸爸洗脚，我倒上水以后就开始给爸爸洗脚了，洗的过程中，爸爸说：“我来洗吧！”我说：“不行，我得完成老师布置的作业。”然后，我帮爸爸洗完了，然后我又洗自己的，洗完后，我们在看电视。真开心啊！（2017 年 2 月 25 日）

与冷冰冰的成绩单、作业本相比，日记是饱含个体感情的心灵归属地。

日记之所以作为花花的日常仪式而存在，是因为它象征着花花的另一个世界，一个对美好向往的世界。它能够帮助花花克服理想与现实间的矛盾，从而帮助她适应生活中的种种变化，获得无限的可能性。面对当前生活中的不幸，面对使自我卑微感更为强化的学校制度化仪式，日记里的平静陈述，表明花花在“想象的世界”里找到了生命力量的同时，也为我们带来了生命的不同感受，或大吃一惊，或感动，或难过等。通过她的内省以及对自我的反思，与自己的对话，讲述了一个又一个故事，真实中透露着憧憬，虚拟中折射出向往。摆脱了现实社会角色的束缚，日记中的花花是有着角色意识的、立体的“我”，花花恰恰通过日记塑造、彰显了自己作为独立个体的特殊性，构建“自己的空间”，借此保持“理想中的自我形象”。在日记的“虚拟”世界中，她可以是公主，可以是贫穷的学生，可以是歌星，围绕着“我”的这个角色，她发挥想象力构建了一个多维共存的自我，建立起比真实生活中更令人满意的自我形象，以此缓解自身的不安、迷茫与无助。

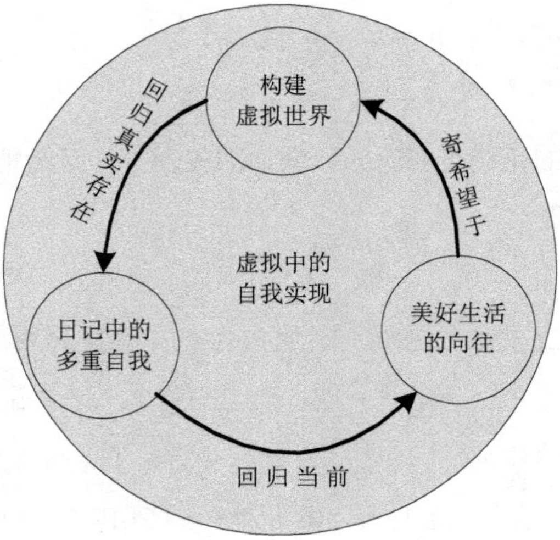

图 3-3　花花日记仪式的意义体系

仪式过程在时间和空间的展示上自成体系，是“物理性时空”与“仪式化时空”二者划一的展现[①]，蕴含着仪式的特殊意义。日记作为一种日常仪式使花花构建了仪式化时空，远离了理智与逻辑的掌控，将思想引入了一种充满直觉性和创造性的范畴，从而更为清晰地感知自己的存在，观察和认识到生活的另一面。“我”不再仅仅是局限在制度性学校生活中的个体，而是拓展出制度之外的想象空间，在这个想象世界中“我”被赋予多种意义，有限空间转变为无限空间，花花也就是在这种多重虚拟和真实的转换中感受着自我的流动。

三、团体的日常仪式：走进儿童群体的互动空间

在现实的学校制度化生活中，儿童被赋予各种不同的标签，戴着不同的“面具”，从服装、语言到思维，身处集体中的“我”都必须遵守规则。然而，非制度化的日常仪式因其日常性和表达实践中的个人性，本真的“我”得以呈现。花花在日记仪式中展演的虚拟世界，是在以个体的方式不断进行内心秩序的整合。“在仪式里面，世界是活生生的，同时世界又是想象……然而，它展演的却是同一个世界”（Geertz，1973）。

当然，儿童还会走出自我以集体的方式来进行秩序重组，消解制度和教师的权威，改善他们自身的生存环境。儿童的日常仪式是学校日常生活中以儿童为主体开展的各种隐蔽性活动，他们处于被成人相对忽视的时空中，通过积极主动地与同伴交往并开展各种仪式活动，充分体现了他们的自主性和创造性。下文力图描述出儿童在小团体中的日常仪式，尽量贴近儿童主体的视角，接近儿童“文化主位观”，从而分析儿童在自我掌控的时空下是如何建构主体性的过程。

---

① 彭兆荣：《人类学仪式的理论与实践》，民族出版社2007年版，第321页。

（一）共享仪式：在交换中实现“互惠”

1. 不平等的共享行为

在日常生活中，经常会发现儿童间的共享行为：

早读课上，发现一个很有意思的场景：老师在黑板上抄写《弟子规》，我的“同桌”ZJZ有些看不清黑板，想要借左边同学ZY的眼镜，班上只有三个同学戴眼镜。我观察到她刚想张口问ZY借眼镜时，突然停下来先撕下一张便利贴递给ZY，然后ZY递给她眼镜。这之间没有任何的言语交流，只有眼神的沟通。事后，我问ZJZ“你为什么要先给她一张便利贴啊？她问你要了吗？”ZJZ说：“没有啊，因为我要借她的东西啊。”旁边的同学也说，“她很爱送东西给别人”。ZJZ的思维逻辑是，因为我要借她东西，为了求心安，我必须给一个东西和她交换。不过，如果没有这张便利贴，ZJZ也可以借到眼镜的，这种想法在我问过ZY后得到证实。（来自田野日记）

看到孩子间的这种交换行为，在日后的观察中我也慢慢发现了更多有意思的情境：

ZN需要用三角板，前桌GCX要她用量角器来交换，即使当时他根本不需要用到量角器。

GCX听到ZN在说歌谣：“小燕子飞五阿哥追，尔康送花给紫薇，紫薇跟着别人跑，可怜的二哥没人要，皇上派人追爱妃，爱妃变成蝴蝶飞。”GCX也顺口说：“你喝水在水库，睡觉在古墓，嘴里流瀑布，你当你是貂蝉吕布，其实你是南极土著。”ZN 听后觉得非常有趣，想让 GCX 写给她，但是两人非得要一起写完后才肯交换。

一张小的贴纸、自己用纸折的小仙鹤、一块橡皮泥、一个小秘密等，很多成人并不在意的小玩意，都被孩子们用来相互交换或赠送。在笔者观察到的儿童间物品交换的过程中，不均衡的互惠似乎是一种常态。罗红光关于交换的研究中指出，“如果单纯将交换的视角定位在物品上，这是不等价的，但是如果从交换的双方来看，这种交换行为背后所传递的意义被视为交换的价值所在，因而交换不等价却等义”[①]。即使这些东西看起来微不足道，或者存在有些物品间的不对等交换，笔者却发现孩子们在共享时无意识中却有着一套自己的行为逻辑和思维方式，他们在积极地掌控自己的生活。其实，儿童间物品的流动并不在于物品的价值本身，而是其背后所承载的无形资本，譬如面子、人情等。他们的交换不仅仅是简单的交换行为，还涉及人与人之间关系的调节。

交换作为人类社会互动的一种方式与途径，不仅能够构建和维系人与人之间的关系，也能够整合和协调不同人群、不同社会单元、不同阶级的关系[②]。不过，以上叙述的儿童间的交换行为还不足以构成完整的“共享仪式”，因为它是暂时性的、一次性的行为。而此处提到的共享仪式（Sharing Rituals）则主要是指儿童对共享价值的模式化、重复化的、合作性的表达，常常伴有程式化的表演，“构成具有童年世界显著特点的仪

① 罗红光：《不等价交换：围绕财富的劳动与消费》，浙江人民出版社 2000 年版。

② 温龙飞：《户撒芒旦寨阿昌族的礼物流动探究》，云南民族大学硕士学位论文，2017 年。

式化时间，强化了儿童世界社会交换的进行”[①]。这种共享仪式是以儿童为主体的，脱离学校制度化生活的秩序和规则，故而归为非制度化仪式的类别之中。

2. 野餐仪式：互惠共享的兄弟帮

在笔者的研究过程中，二年级女生戏称班里有个小帮派，里面还有首领，于是二年级“兄弟帮”的故事引起了我的注意。

下课后，二年级 LXX、HZJ、AY、WYH、LXS、LYJ 六个小男生就会聚在一块，或在操场上打闹，或在教室里玩着新鲜的小玩具，六个人仿佛合体般黏在一起。LXX 是学校老师的孩子，“星期”的时候我两经常会一起玩，也就会聊到他们的这个小团体，他告诉我之前他们还一起建立了微信群，名字叫“兄弟们，冲啊！”现在已经换了名称，改为“兄弟帮”。一般在微信群里的话，就会聊聊彼此在干什么，然后视频把各自的家里介绍一番。

我问 LXX“兄弟帮”是如何建立起来的，他告诉我：“首先要是男生，我们不欢迎女生的加入，那些女生太吵了，像母老虎一样；其次要能够打赢 HZJ，他是我们兄弟帮的老大。”我不解地问：“HZJ 是老大，自然很厉害，怎么会打得过他？”LXX 说：“比如说 AY 他打不过老大，但是他和 WYH 关系好啊，我们也就把他加入进来了。我们‘兄弟帮’里 HZJ 是老大，之前我是老大，但是他来了之后由于比我高，我就把老大的位置让给他了。我和 WYH 是左右大臣，其他三个人是小兵。”其实，后来在我的

① [美] 威廉·A. 科萨罗：《童年社会学》，程福财等译，上海社会科学院出版社 2014 年版，第 146 页。

观察中发现，作为老大的HZJ却认为LXX是老大，每次他提出的倡议都没有人敢反抗。

在“兄弟帮”的小圈子里，儿童要进入圈子必须具备一定的资格，性别、能力、与圈内成员的关系等等。问及他们平时经常干的事情，LXX告诉我：“我们经常野餐，几乎每天都会，特别是如果遇到考试的话，会在考试前野餐一顿。野餐后会很开心啊，考试的时候如果心情不好怎么会考好呢？”在LXX的介绍后，我开始观察他所谓的“野餐”。

吃完早饭后，我绕学校操场散步，看着可爱的孩子们欢快地在操场奔跑。走到操场东南方向，看到“兄弟帮”正在他们固定的地点野餐。那是学校唯一的小亭子，亭顶有六个往上翘的角，走上三级台阶，在亭子正中央立着一块黑色的石碑，近处看石碑上并没有写任何字[①]。“兄弟帮”的六个成员都在这个小亭子里，或坐着或站着或绕着石碑不停地转圈。他们手里拿着不同的小零食，小袋辣条、饼干、蛋黄派、火腿肠，甚至还有的拿着早上食堂里自己未吃完的馒头，或许他没有从家里带零食过来，只得拿馒头顶数。LXX拿着麻辣吃了一口，然后问谁想吃，LXS走近他，然后LXX就递给他咬上一口，LXS就咬了一小口，因为还有好几个人没有分享到麻辣，这或许是孩子们自己在分享的过程中形成的默契。LXS也拿着自己的饼干询问谁要吃，然后一块一块地

① 之后，我问校长亭子和石碑的功能，Z校长告诉我：“石碑本来是要给学校筹款的CQ法师立的，但是这事由于一些原因一直耽搁着没完成，就建个亭子将碑先立在里面，之后要用的话就好办，碑石也不会遭到损坏。”

分发给 AY、HZJ。就这样，你把火腿肠给我吃一口，我把我的蛋黄派给你吃一口，他们乐此不疲，只有食堂的馒头遭到大家的嫌弃。原来所谓的“野餐”，其实就是“兄弟帮”里的每个成员都从家里带来零食，然后交换互相吃。有趣的是，亭子外面也有一些孩子在吃零食，而且多是二年级的女生，她们的眼神不时地会瞄一眼亭子里面的状况。她们告诉我，“男生们每天都把亭子霸占了，我们不敢上去，要不会被骂的”。“兄弟帮”的野餐大概持续了 20 分钟，大家把各自的零食共享吃完后，又一起奔向操场开始玩起游戏来。（来自田野日记）

在“兄弟帮”的共享仪式中，也有明确的结构模式：A 先问谁有意向吃他带来的零食，其他的儿童会给予回应，然后 A 会将零食给回应的儿童共享，每人吃一小口，之后其他人再进行类似的共享。在野餐的“共享仪式”中，“兄弟帮”的成员似乎有着微妙的“默契”，都不会大口吃别人分享的零食，以确保至少每个人可能都能分享到同一种零食。这种“默契”是他们在野餐的日常仪式中不断总结出来的，受到“兄弟帮”内在文化的约束，以及个体情感的表达，即“大家都要有，我们是兄弟”，从而构建成为儿童在社会生活中处理人际关系的一种“处世哲学”。因此，在共享仪式中儿童个体的行为其实已经形成了一种特有的社交理念，即互惠的价值观，“兄弟帮”的孩子们在互惠机制中维持着彼此之间的关系，同时这种互惠也成为检验儿童群体间关系亲密度的重要依据。在这种互惠的交换过程中，容易形成一种团体感，也是区别于他人的“我们感”。罗红光对杨家沟人劳动交换的研究中，提出互惠“在实践活动中不仅表现在礼尚往来……除了获得物质利益以外，还具有表现文化色彩的感情上的积累和负债……互惠的意义特征是一种以道德约束为基础的劳动交换，也是塑造德行的劳动过程”[①]。其实，儿童是具有实践理性的个体，基于互惠的价值观，他们在共享仪式中不断地积累自己的生活智慧、群体生存之道，如同一条纽带把独立的个人联系起来，并构成所谓的“同伴文化”。

之后每天早饭后，我几乎都能看见“兄弟帮”在亭子里聚会，一群固定的成员在固定的场所每天分享着自己带来的零食，因此我将他们的这种日常仪式行为称作“共享仪式”。亭子成为“兄弟帮”共享仪式的举办场所：一方面，相对来说这个空间较为封闭、隐秘，学校虽然没有明确禁止带零食[②]，但老师还是会禁止儿童在教室乱吃东西以免弄脏卫生，于是“兄弟帮”就将亭子作为他们“后台生活”[③]的场所，通过零食“共享仪式”来建立儿童间的合作关系；同时，在这里孩子们能够暂时脱离老师的掌控时空，享受自己与同伴们自主掌控生活的快乐。另一方面，只要他们在里面，其他人特别是同班的女生从不敢涉足[④]，象征着他们对这个仪式空间具有暂时的占有权和控制权。这种对互动空间（interactive space）的保护，使得“兄弟帮”成员在“共享仪式”过程中，不仅具备个体自主的交往动力，同时杨宜音提出的“自己人/外人”分类系统也在成员的身份认同层面得以凸显。亭子里的成员与亭子外面的儿童，在“兄弟帮”的社会心理

---

① 罗红光：《不等价交换：围绕财富的劳动与消费》，浙江人民出版社 2000 年版，第 104 页。

② 因为学校是住宿制，零食并没有被学校严格禁止。正如四年级的班主任张老师所说，每次晚自习查宿舍睡觉的情况，都会看见孩子们有滋有味地吃着各种零食，见她来了就会赶忙藏起来。张老师说：“其实不是不让他们吃，而是替他们担心，吃的都是垃圾食品对身体不好。”孩子们对老师的监管还是有所防备的。

③ 戈夫曼认为，角色即是演员，有演员就有舞台，打着灯光的舞台就是“前台”；演员走出灯光，放松、休息身心的地方就是“后台”。

④ 偶有高年级的同学进亭子坐着想歇歇，他们不会说什么，若高年级同学发现“兄弟帮”是以团队的形式存在也就会尽快退出。由于笔者已打好了群众基础，特别是对“兄弟帮”的老大做足了工作，对笔者的加入，孩子们倒是不会抵触，继续他们的共享时刻。

图式即分为“自己人”与“外人”，“‘自己人/外人’，也是中国人在社会交往中为了保证亲密、信任和义务的稳定联系而形成的生存智慧与应对策略”①。同时，兄弟帮成员将“共享仪式”中构建起来的人际关系和互动智慧，延伸到他们的游戏和学习空间中。

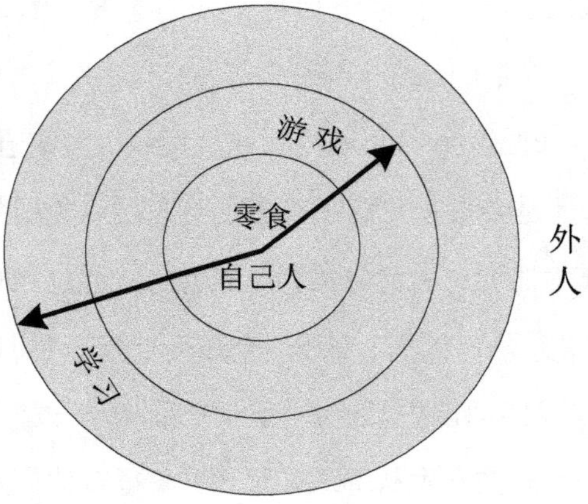

图3-4 兄弟帮的“内”与“外”

学校规定在制度化的公共正式场合中，需要统一使用普通话，这也是为了掩盖儿童在此种场合中语言本身的差别。有趣的是，方言成为日常生活中的重要社会交际手段，否则难以进入儿童构成的“场”。“兄弟帮”的儿童都能够自如地使用普通话与五台当地的方言，这也成为他们人际关系亲疏程度的重要象征。“有时说着说着，也不知道是谁带头，就说起了方言”，“反正别人说什么话，我就跟着说什么”。带头说方言的儿童可能是有意为之，为了显示圈内成员的亲密交往；也可能是无意间的行为，问题在于圈内其他的人是否能跟着圈子话语的变化而变化。在“兄弟帮”的圈子内，大家都能够轻松地驾驭语言间的相互转换。

① 杨宜音：《“自己人”：一项有关中国人关系分类的个案研究》，《本土心理学研究》2002年第16期，第3—41页。

交换共享作为社会网络的基本元素，活动中物的交换不仅具有经济价值，还具有文化价值和社会价值。正如“兄弟帮”这个圈子，主要是围绕着零食展开的关系网，通过零食的互惠交换策略来稳定自己的朋友圈，形成物与物、人与人多重关系交织的社会网络，共同构建了一个“熟人社会”。零食，作为一种充饥或解馋的食品，此刻成为“兄弟帮”成员的象征标志。如果不带零食，会妨碍小团体正常的人际交往，LXX 说：“AY 之前被我们排挤过，把他开除‘兄弟帮’了，因为每次野餐我们都带吃的来，他有好几次没带，不和我们一样了，就光吃我们的，太小气了，所以我们就不要他了。不过后来，我们也原谅他了，他重新加入，每次也都会带零食来。”不带零食，意味着与“兄弟帮”其他成员的不同，若是有人不遵循“共享仪式”的规则，可能会被请出这个组织。潜移默化中，大家都深谙这个规则，自觉遵守，LYJ 说：“大家都在一起，看到他们有吃的，你一个人在那里没有，怪不好意思的。就觉得不是一伙的，不是兄弟。所以几乎我们每天都会约定带吃的来。”“不好意思”体现了由于群体规范使得儿童认为不带零食是不对的，因为儿童内心会受到“面子”和“舆论”的约束。

因此，零食在构建人际关系、获得他人认同方面有着重要的价值和意义。“兄弟帮”的成员们为了显示自己与所属群体的亲密关系，将零食变成他们互相交往的一个重要“道具”，一起交换零食则是“合群”的象征。在“共享仪式”中，“零食”成为一种符号，或者一种“礼物”，传达带有人际关系的情感依赖，长期处于此关系网络中的儿童之间具有稳定的相互性的特点。“礼尚往来，往而不来非礼也，来而不往亦非礼也。”（《礼记·曲上》）这种“零食”交换本身具有特定的规则和道德原则，“礼尚往来”的生活智慧在“兄弟帮”得以体现。同时，“兄弟帮”的成员希望在交换的过程中体现自己的慷慨，进一步通过情感的交往，积累自己成为“兄弟帮”成员的文化意义层面的基础，并形成个体在“兄弟帮”人际交往中的处世哲学。“兄弟帮”本身也形成了一种道德维护机制，即参与的儿童人人都是圈子的维护者，但人人都被圈子自主形成的道德规范所制约，就像是一张人人参与编织却又时时牵制自己的“道德之网”。

“交换”的这种行为存在于学校制度化的捐赠仪式和儿童间非制度化的日常仪式之中，不同的是，制度化仪式中的“交换”具有强制性，社会人士通过交换赢得尊重、名声，学校作为中介者也得到好评，儿童作为交换的另一端被动地背负着道德的约束，或消极或积极地应对；而在非制度化的日常仪式中，儿童可以自由选择是否接受群体内交换的条件，可主动选择退出。其实，随着儿童的成长，这种交换行为也会不断增多，因为他们的活动范围会由内向外地不断增大，他们周边的环境力量也在逐步扩大，在他们与其他儿童的双向互动中就形成了人际圈，结合成了社会小团体，这就直接影响了他们对角色以及人际关系的认知。

总之，通过这种“共享仪式”，孩子们学习、实践交换的规则和道德原则，他们以自我为中心不断营造自己的人际关系网，一方面这是个体主体性和能动性的表达和彰显，另一方面也涉及个体间的联系及个体为如何融入集体而做的努力。团体间的日常仪式是观察儿童实践理性的重要方式，个体为了维持团体规范的力量而形成了一种“自动的秩序”，这与制度化仪式中强制压迫式的等级力量不同。因此，我们可以通过非制度化的日常仪式看到儿童间的互动情况，透过分析日常仪式中儿童的言行理解个体背后的行动逻辑和情感体验。

（二）游戏仪式：在日常生活中实现“社会”

1. 儿童日常生活中的游戏仪式

千百年来，游戏构建出了一个个有别于日常生活、布迪厄意义上的

“场域”或者戈夫曼意义上的“专注性聚焦”[①]，它既来源于生活，又超越于常规之外。人们离不开游戏，至少有三点理由：第一，游戏常常成为向下一代灌输和操练特定社会运行规则、价值观的模具，成人世界的价值观在游戏中得到再现和模仿；第二，游戏可以作为人类学家解读社会文化隐喻的文本；第三，人类文明自身是游戏孕育的，赫伊津哈提出的“游戏精神”所蕴含的超越与追求，其实是人类自身精神世界的投射[②]。

人类学家也极为重视游戏，马林诺夫斯基就曾提到，“婴儿最早期的行为之被模塑的程度，及其言语动作之组成幼稚的表情，都在受着传统的影响，这种影响是经社会环境而施之于婴儿的。所以人类在幼稚期中的游戏是很重要的，研究这种现象不是在行为主义的实验室里可以了事的，应该把它放在每一个特殊文化中去看。研究小儿游戏行为的重要之点是在注意游戏中所含的教育影响，及其成人及其他小孩的合作。因此，最早期游戏的主要功能可说就是教育”[③]。也就是说，教育一直蕴含在儿童游戏之中。儿童作为学校仪式展演的主角，是具有能动性的，虽然个人处于结构化的、社会化的学校场域内，但个体所持有的价值观念和对其他事物的认知与认同，实际上大多是通过“游戏性地模仿”获得并传递的。

在儿童的世界里，游戏异于制度化的学习生活，是他们日常生活中的重要部分，也成为孩子们自由、快乐的象征。“游戏行进在某种时空限度之内，有一可见的秩序，遵守自愿接受的规则，在生活必须或物质有用性

---

① 刘谦：《教育的社会文化土壤——基于美国费城安卓学校的教育人类学观察》，光明日报出版社2016年版，第145页。

② 刘谦：《教育的社会文化土壤——基于美国费城安卓学校的教育人类学观察》，光明日报出版社2016年版，第148—149页。

③ 张新立：《教育人类学视野下的彝族儿童民间游戏研究》，西南大学博士学位论文，2006年。

的领域之外。”[①] 儿童通过游戏创建了一种活动空间，在此空间中孩子们可以用角色扮演的方式来表达自己的困惑、焦虑，并把他们在现实生活中习得的角色转化为自己的角色技能。在游戏中，儿童的心情既有紧张与竞争的情绪，更多的是欢笑与松弛，这些都有助于儿童解决自身的危机感。

游戏与仪式也有着密切的联系，荷兰文化学者胡伊青加（Johan Huizinga）认为“仪式行为，或者说这种行为的重要部分，总是滞留在游戏的范畴之内，但在这种表面的从属之中仍能窥到其神圣的性质”[②]。其实，很多游戏起源于巫术、祈愿等仪式活动，同时游戏也被赋予一定的象征含义。随着时代的发展，现代的儿童游戏的巫术性与神秘性逐渐淡化或消失，转向自娱。赫伊津哈在研究中也探究过游戏与仪式的关系，他认为如果将游戏的精神扩展到信仰的实体和神圣的意识上，游戏也会成为仪式不可或缺的组成部分。那么，在学校场景中儿童间的游戏是否可以看作他们日常生活中的一种仪式呢？

对照凯瑟琳·贝尔的仪式分类体系[③]，儿童游戏有着较为严格的程式化规定，可以被看作是一种“规则支配行为”的近似仪式，它是儿童身体实践与社会规范的预演。儿童根据游戏仪式的规则限定自身行为，执行规则、扮演角色、模拟竞争等，使身体实践符合仪式规定，决不超出规则的界限。另外，与日常规律性、习惯性的行为进行对照，仪式呈现出一些独特的属性：它处于特殊的时空框架内，是对日常惯例的破坏，具有精心安

---

①［荷］约翰·赫伊津哈：《游戏的人》，多人译，中国美术学院出版社 1997 年版，第 169 页。

②［荷］J. 胡伊青加：《人：游戏者——对文化中游戏因素的研究》，成穷译，贵州人民出版社 2007 年版，第 17 页。

③ 本研究绪论中已对贝尔的仪式分类体系有过详细回顾，游戏可归属于“日常生活中的近似仪式”。

排的仪式流程；与学校日常的等级秩序不同，所有参与者在这一特定时刻里都具有同等的地位，呈现出“反结构”性。因此，我们可以通过将儿童游戏与仪式的特点进行对照，以此确定儿童游戏所具有的仪式性特征。

第一，相似的时间和周期。游戏一般固定在课堂时间之外举行，“下课时间到了，老师你们辛苦了”的下课铃声，让儿童开始玩游戏；“同学们，上课时间到了，请迅速回到教室”[①]的上课铃声，则是儿童游戏结束的象征，通过铃声划分了课间与课外、学习与游戏的时间。

第二，特殊的地点。操场作为儿童游戏的开放空间，带给孩子一种自由、无限制的感觉。对于大部分的儿童来说，操场在课间活动时具有类似圣地般令人神往的特性，原因在于制度化的课间操也在此处举行，但却给孩子一种压抑之感，这种对比性的感觉更让儿童对课间活动多了一份期待。

第三，游戏仪式化的运行程序。儿童游戏也有组织和纪律，他们会以群体的形式有秩序地分布在游戏空间里，遵从的分布原则包括：不同的性别、不同的年龄、不同的年级、对游戏的兴趣程度等。游戏总是由不同儿童的组合开始，社会也是通过类似的关系而构成的；在游戏过程中，加油助威通常以一种固定的模式进行，比赛时有吼叫和嘘声。

第四，游戏会削弱甚至打破日常等级生活中所形成的“共同观念”，儿童会产生受到压制的个体观念，并同时可能也会传递出一种归属感。

总之，在一定的时空框架内进行的重复性、规范化的行为方式，打破制度化的日常生活，改变日常的等级制，以及充满激情的动作，这些结构特征是儿童游戏所共有的。

因此，本研究将儿童间的游戏作为一种非制度化的日常仪式进行研

① 此处的上课铃声仅仅在提醒儿童赶紧从非课堂的领域进入教室，下课铃声仅仅在对老师致以谢意，这样的区别也是硬生生地把老师和学生的距离加大了。

究。这与宣告我们将会从世间得到拯救的宗教仪式不同，儿童游戏并不向人们承诺未来，它只是让在日常生活中如果感到疲乏的儿童，可以通过采用此类仪式性的活动来进行调节。伊芙特·皮洛认为贯穿在日常生活中的仪式“是一种社会约束，是一套共同使用的语言，是一条纽带”，它的“奥秘和力量在于它的普遍性。它的意义如此单纯和普遍，以至于我们觉得它与我们同生，它是我们的一部分，我们还知道，它是已被接纳的一员，是一份固定遗产”[①]。因此，游戏在儿童日常生活中扮演着一个既神圣又世俗的角色，成为他们生命中、生活里必不可少的一个仪式，它来源于日常生活，又超越于日常生活。

人类学家格尔茨（Clifford Geertz）最早描写和阐释了令巴厘岛人痴迷的斗鸡游戏，雄鸡成为其拥有者自我人格的代理人，而四周的下赌者将斗鸡看作地位的竞争，青年人、女人等边缘人则被排除在“斗鸡”仪式之外，“斗鸡”通过戏剧化过程将巴厘岛社会地位关系展现出来[②]。国外学者布隆贝格（Christian Bromberger）沿袭格尔茨“深度游戏”[③]的研究成果，将“足球看作一种神圣的仪式”进行田野调查，他认为“足球具有一种人们对世界深层感知的具体形式，它是各种人群归属感的复杂集合体”[④]。国内学者李翠含将传统的跳皮筋作为一种游戏仪式进行分析，从开始游戏仪式、过程游戏仪式、结束游戏仪式、仪式场域和语境要求等，对

---

①［匈］伊芙特·皮洛：《世俗神话——电影的野性思维》，崔君衍译，中国电影出版社2003年版，第51页。

②［美］克利福德·格尔茨：《文化的解释》，纳日碧力戈译，上海人民出版社1999年版。

③“深度游戏”主要是指“一种以认知为目的而唤起了强烈情感的哲学——戏剧式的社会诠释方式”（Geertz，1973）。

④ 王霄冰编：《仪式与信仰：当代文化人类学新视野》，民族出版社2008年版，第92—112页。

游戏仪式进行了功能表达和文化阐释[①]。游戏作为一种仪式的存在，不仅仅是一种身体实践和教育，同时也是一种身体文化与惯习表达。它能够真实地反映儿童多层次的生活图景，是集中体现儿童间互动的实践活动。

在田野中，要想观测儿童的团体游戏，操场就成为研究的焦点。因为操场能够容纳众多的个体，同时又使他们形成一个整体，大多数的游戏仪式在此展开。分析儿童在操场上的游戏仪式时，介入的方法也尤为重要。一方面要观察儿童的社会网络和团体，用中国的俗语可称之为“圈子”，它们在一次又一次的游戏过程中建立起来，这些团体紧密相联，构成一种复杂的结构，它们并非是无形式的、散乱的。同时，在分析过程中，有必要将微观与宏观联结起来：既要对儿童游戏仪式行为进行观察，包括情绪、感受、语言、具有象征意义的道具等；另外，也需要对儿童整体和部分系统性特征进行观察，如儿童的班级、年龄、性别、角色等。这样的话，整个结构才能够在操场的游戏仪式中得以完整的展现。因此，笔者通过亲身参与游戏进行体验，并对游戏的参与者和组织者进行访谈，以此来了解游戏仪式中个体的呈现，以及其对儿童成人过程的作用机制。

2. 游戏仪式空间的解读

空间规定被认为是仪式的一个基本特性，而游戏空间是指游戏所在的地点以及周围的环境位置。在游戏场地之内统辖着一种绝对的、特殊的秩序，其中通行着异于世俗化、制度化的学校或社会规范和规则。同时，它也为儿童展示技能交流、释放情感提供了空间，是相互沟通、相互通融的平台与场所。儿童间的游戏是一种非目的性、非功利性的自主的娱乐方式，贴近儿童自由的天性，对时间、场地、玩具、人数等没有太高要求。

① 李翠含：《民间儿童游戏跳皮筋的游戏仪式与文化表达》，北京体育大学硕士学位论文，2013 年。

然而，在现代教育理念下，竞争、成绩、排名似乎显得更为重要，学校的教育教学管理方式都在试图压抑儿童自由的天性，他们小团体间的游戏也被异化，学校场景中能够让他们自由玩耍的地方也不断减少。这点笔者从Z校长那里也得到了印证，“县城学校里面管得可严了，军事化管理，干啥都要排队，吃饭、上课、课间操等等都要排队，孩子都没有一丝的自由可言”。可见，制度化的学校生活压缩了儿童非制度化的游戏仪式空间。

操场为游戏仪式的开展提供了物理边界，但空间的分割从来不是纯物理的，它始终具有文化意义。Z校长告诉我：“我现在最希望的是能够找到资源为学校建造一个塑胶跑道的操场，这样娃儿们就可以到操场上去玩。由于现在的操场都是水泥地，娃儿们到处跑的话，容易摔跤，怕出安全事故。娃儿们就应该到外面去玩，这是他们的天性。”为此校长确实四处奔波，找各种资源，只为提供给孩子们这样一个安全自由的游戏仪式空间。Z校长还说：“学校栅栏外面与马路相连的那块地，我申请种上草坪了，这样以后学校如果扩大了，娃儿们还可以在草坪上滚来滚去，接触大自然，多好！我们这里虽然比不上县城的学校，但是我们却提供给孩子一个比较自由宽松的环境。”

C校周边都是绿树青山，属于天然大氧吧，Z校长还为学校筹得了各式各样的花草树木，一派生意盎然的景象。在蓝天与阳光的陪伴下，C校为儿童提供了较为宽松的游戏空间，孩子们处于开放性空间的操场，看太阳东升西落，看四季变换更替，在大自然的怀抱中自由奔跑、尽情玩耍，这也让我能够更容易地参与和观察到儿童在课间活动的状态。在与另一位老师的谈话中，我也得知县城其他学校的情况：“我来这里之前，是在县城教书的。那边课间的时候，孩子们都不能出教室，都要求待在教室里面，活动空间也就受限，只有教室那么大。另外，还有老师专门看着孩子们不让出去。”问及原因，她告诉我：“到外面去玩，怕不安全，磕着碰着讲不清楚，家长会来闹的，所以干脆就不让出去了；在教室里面的话，安全系数高些。但是孩子们也没有游戏的时间和空间了。”

保障学生安全固然是学校制度化运行过程中不可忽视的环节，然而短短的课间十分钟也因此而被取消了，这种对安全因素的过分强调和对自由活动的严格限制深深地影响了儿童的日常游戏生活。现在的教育怎么了，孩子的童年哪去了？另外，随着现代社会娱乐网络化的发展，电子网络游戏诸如“王者荣耀”“英雄联盟”“我的世界”等等取代了儿童面对面的游戏往来，在大部分同学中风靡，甚至建立了班级“王者QQ群”热火朝天地讨论游戏策略，他们将现实生活中的人际关系延伸到了虚拟的网络世界。本研究无意将电子游戏与学校课间活动的儿童游戏进行对比，而是重在探究学校日常生活中作为仪式性的儿童游戏在他们成人过程中具有何种功能，传递何种文化价值，如何为儿童凸显主体自我搭建平台。

3. 游戏仪式的“入场券”

（1）游戏圈子的性别

游戏圈子的参与者存在一定的性别边界。在日常非制度化的游戏仪式中，儿童建立起了多样化的社会角色意识，最为突出的就是关于性别差异的意识。虽然参与游戏仪式的成员是在自愿基础上展开的，并无性别限制，但在参与游戏仪式的过程中，你会明显感受到游戏圈子体现出的性别意识。一年级的孩子，性别意识较弱，参与游戏仪式时没有明显的性别差异。

在“卷白菜”的游戏过程中，儿童需要手拉手站成一条直线，以第一个孩子为中心，后面的孩子从同一个方向绕中心转，边卷边念儿歌“卷呀，卷呀，卷白菜呀，卷成一个大白菜！”象征着“白菜叶子”的儿童团团相卷，将象征着“白菜心”的第一个孩子紧紧裹在最里面，直到最后一个孩子卷好后就形成了一颗大白菜。

卷完白菜之后要“剥白菜”，又从最后一个孩子开始旋转散开，儿童的手松开，一个个儿童又成为了独立的个体。如此反复，游戏继续进行，孩子们也是玩得不亦乐乎。（来自田野日记）

笔者观测并多次参与孩子们玩此游戏，发现儿童间并没有表现出明显的性别意识，男女生都会参加，在手拉手的过程中也没有扭捏或不情愿的情况发生。从二年级开始，就有了明显的性别区分，虽然有时男女生也会一起玩游戏，但大多数儿童更倾向于参与同性别的游戏圈子，如果有人主动参与到异性的游戏圈子内，经常会遭到同伴的“嘲笑”甚至是排斥。

下午二年级第一节是体育课，女生们都在玩“踩关”，男生们自己玩接力，孩子们有不同的游戏群体。男生或许玩累了，开始邀请女生加入他们的接力比赛（之前说不允许女生参加）。LXX 提出哪个女生愿意参与他们的游戏就可以出来，女生听到后，WRL、LJY、WZX 三人本来想要加入男生的游戏圈子，当她们发现刚刚玩“踩关”的女生圈子都在看着她们时，或许孩子们的性别归属感出来了，她们又退回女生的圈子，未加入到男生的游戏圈子中。（来自田野日记）

二年级男女游戏圈子的性别意识特别明显，我曾试图将他们聚在一起玩，可是不一会儿就有矛盾，女孩因男孩犯规不承认开始哭闹，男生见状集体商量后，便动作整齐地转身离开游戏区域，自己去玩了。我则带领女生继续玩游戏，男生看着女生们玩得挺开心，又来捣乱。有趣的是，后来 LXX 几个男孩生气不理我了，原因是认为“我只和女生玩，把男生当空气”。女生多次说“为啥男生犯规还能玩？为什么男生说停就停？”男生说，“为啥女生说重新开始就重新开始?”总之，二年级男女生之间的争斗似乎永无止息，谁也不服谁。

另外，笔者在与四年级孩子玩游戏时发现，他们自己会设计各种不同的游戏规则，或者是对既有的游戏进行改编和创新，充分发挥自我的主动性和能动性。同时，他们在游戏中的特殊举动，也引起了我的注意。

在名称为“西游记”的游戏中，孩子们需要手拉手围成大圈，圆圈中间站着一个孩子。他们边转圈边问中间的孩子：“唱什么歌?”中间的孩子回答道：“小苹果。”听到指示后，周围的人都开始唱《小苹果》，中间站着的孩子闭上眼睛同时伸出一只手，也开始转圈直到他自己喊“停”，手指指到谁就换成谁站在中间，有时被指中的人也会受到惩罚，有时不会。按照此规则，游戏继续。

游戏的过程中需要相邻两人手牵手，最初全部是女生参加，随着参与人数越来越多，场面越来越热闹，有个男孩也被吸引过来要求参与游戏中。在征得同意后，奇怪的事情发生了。女生同意他参与，却都不让他站在自己身边，开始我不太明白。后来才发现参与的男孩主动将自己的手缩到校服外套[①]里面，外套的袖子就空出来，不禁想起《神雕侠侣》中杨过“独臂大侠”的形象，这时才开始有女生勉为其难地让男生站在自己的身边，并用手抓着男生衣服的袖子，游戏得以继续。而一旦游戏进行轮换，若是这位男生换位置时得以站在两个男生之间，他就犹

① 孩子在学校上课期间，按照规定，每天都要身着校服、挂校牌、戴红领巾，否则班级会因此而被扣分，因此孩子们都很遵守此规定。

如重生般把手伸入衣袖，把衣服穿好，与两边的男生手拉手。因为我也参与游戏，无论男孩女孩都会愿意站在我旁边，这样他们就可以缓解因性别而产生的尴尬了，我也成了调节性别冲突的“中介机制”。

游戏过后，我问旁边的女生ZJ，“为什么男生要把手缩到袖子里啊？”她对着我笑笑，不回答，似乎说“这还用问嘛”。ZYX听到我的问话后说：“老师，男女授受不亲啊！”参与到游戏中的男孩BY说，“因为我们想玩这个游戏啊，所以就必须这样”。（来自田野日记）

因此，四年级的男生们为了让自己能够加入到游戏圈子中，会采取一些小策略来缓解性别差异带来的尴尬。儿童自呱呱坠地便有了生理性别的差异，通过社会文化的熏陶塑造了其社会性别的意识。在参与游戏仪式中，儿童无意识地接受并区分社会性别文化的行为方式和象征意义。课外活动时操场上聚集了各类游戏圈子，有相当一部分是同性一起玩。当然，儿童游戏的性别文化差异并不是绝对的，根据年级、游戏的性质，男女生一起玩的游戏圈子也有很多。总之，儿童游戏仪式具有塑造社会性别文化的意义，这是毫无疑问的。

（2）儿童的准入策略

这里的“准入”主要是指为进入某一领域需要达到一定的标准或要求。关于如何选择游戏仪式参与者的问题，儿童在随意中也有一定的倾向性。如果儿童年级平等、年龄相近，就更容易获得身份认同，引起情感的互动与交流。未被邀请到游戏仪式中的儿童，有时会提出加入仪式的请求，如果他们的请求遭到拒绝，那么他们在应对准入挑战时会发展出一套获得准入的策略。

7:30早饭后离上课前还有40分钟的休息时间，二年级的LXX邀请我与他们“兄弟帮”五人一起玩“立定跳远”。不久，四年级两位女生小婧、嘉嘉过来想加入，看见我在就请求我答应。因为之前发生过未经“兄弟帮”成员同意我直接允许其他人加入，使得他们感到不舒服的情况，这次我就吸取教训，遵守孩子们的规则，理解他们的心理，让四年级的两位女生征求“兄弟帮”成员的意见。LXX听后拒绝了，并说：“上次我们要加入你们的游戏，你们也不加我们，所以现在我们也不加你们。”后来，经不住嘉嘉的诚恳请求，并一再保证下次她们玩游戏时也会加他，LXX才答应她俩加入。这时，小婧正一边撕开小蛋糕的包装袋，一边顺势将包装袋通过挨近操场的栅栏直接扔到马路上，我看见此情景但此时垃圾已经捡不回来了，只得告诉她：“下次可不要乱扔垃圾，从你站的地方到垃圾桶的距离那么近，为何不直接扔到垃圾桶呢？”她也点头答应了。旁边二年级的小江也附和：“对，不讲卫生，乱扔垃圾。”同班的嘉嘉也指责了她一句。本以为事情到此就结束了，不承想后来四年级的艳艳和丽丽也想加入游戏，起初LXX并不同意，艳艳一直恳求地说“加上姐姐，可以吗？”“加上姐姐，可以吗？”LXX才又同意她俩的参与，却将小婧推出游戏领域拒绝她继续参与。当时大家一脸蒙圈，在我的询问下LXX说出了自己的理由，“我们只加懂礼貌的人”。恍然大悟，原来他在以此方式惩罚小婧刚刚乱扔垃圾的行为。（来自田野日记）

“仪式是提升一个人身份地位的通行方式……依靠仪式，个体脱离了先前所在的地位，拥有了新的身份。”[①] 在选择游戏仪式的参与者时，组织者不仅会考虑到是否相同年级，还会考量当初你是否也允许我参与你们的圈子，LXX 最初拒绝的理由就是嘉嘉之前拒绝过他的加入。在得到保证拥有下次参与他们游戏圈子的机会后，类似礼物间的“互惠”，仪式性地口头承诺，有来有往，LXX 最终还是允许嘉嘉两人成为游戏的参与者。儿童游戏仪式有的需要成员有策略，有的需要成员具有耐性好、动作灵巧、力量大等身体优势，但在选择成员时其行为举止是否合礼也在考虑的范围之内。小婧乱扔垃圾的不礼貌行为，与艳艳礼貌性的请求形成对比，LXX 作为二年级游戏圈子中的权威决定者，凭借自己的道德认知和判断，拒绝了小婧接受了艳艳。由此可见，儿童对游戏仪式参与者的选择有自己的一套判断标准和逻辑。

另外，儿童是否具有参与游戏仪式的资本也是其能否成为参与者的重要因素：

早饭后，大家围成圈一起玩“赶毽子”(此地方言如此称呼，一般我们叫“踢毽子”)，毽子踢到谁面前谁就必须将毽子继续踢出来，让其他成员有踢的机会，不可自己狂踢唱“独角戏”，那会被大家批评的。就这样大家围拢在一起，你一脚我一腿，有的孩子用脚内侧踢，有的根据毽子的方向用膝盖踢，还有的孩子用脚外侧追着毽子踢，毽子在空中飞舞不能落地，或上或下，若是能对踢上几个来回便会引起大家“哇”的赞叹之声。很多同学看到我在，每次都想把毽子踢给我，让我多踢几次，有几个古灵精

---

①［美］大卫·科泽：《仪式、政治与权力》，王海洲译，江苏人民出版社 2015 年版，第 61 页。

怪的孩子发现了规律，知道我不会生气都站在我的旁边，这样他们就可以经常抢到毽子踢了。我并不在意，只是默默地观察着，其他的孩子发现后，说道“让万老师踢，别抢”。越来越多的人吃完早饭加入游戏中，从最初的四五个人到了十二人，圈子越大每个人能踢到的次数也就越少，于是再有人想加入便被告知不允许。孩子们开始向我求救，“老师，能不能加我？”有时，我允许后孩子高兴地加入，当其他孩子说不加他时，他便理直气壮地说“万老师同意了的”。或许我还是有一定权威的，他们也就不再多说什么。之后，很多孩子便跟我说：“老师，不能加人了，人太多就不好玩了。”我应允，未参与的孩子就只能充当旁观者了。或许这个毽子踢得太久了，毽子上的毛已然掉了很多，大家都开始抱怨毽子不好踢了，作为旁观者的LDL看到这种状况，便乘势提出可以更换成他的毽子，于是他就自然而然地被允许进入圈子，游戏继续。从旁观者到参与者的LDL，也开始拒绝其他人的加入，以维护正在进行的游戏空间和秩序，而其他未提供“资本”的旁观者只能继续旁观。（来自田野日记）

刚开始，孩子们认为我具有一定的权威性，将我作为进入圈子的中介桥梁，希望获得圈内人的接纳。起初，我并没有关注到孩子自身的一套行为逻辑，而是按照自己的意愿准许其他儿童参与。但是，当我被告知人太多会影响游戏的趣味性后，便不再按照自己的逻辑行事，而是遵从孩子的方式。因此，在被告知任何人都无法参与到游戏仪式中时，LDL通过观察及时提供了自己的物质资本——毽子，转被动为主动，借助游戏仪式需要的道具他成为参与者。总之，无论是儿童自身对游戏仪式玩伴的选择，还是儿童通过使用不同的策略让自己成为游戏仪式的参与者，都是他们对现实社会人际关系选择性交往过程的预演。在儿童间这种自主性选择交往的过程中，更容易孕育不同的价值观念，更利于营造宽松公平的氛围，更有益于实现儿童行为和言论的自由。

（3）主动“缺席”与被动“边缘化”

游戏仪式由固定的人群构成，如果对性别、人数或力量等有特殊要求的游戏仪式，必然存在部分人扮演“观赏者”的角色，游戏仪式自身、参与者和观者共同组成了一个统一体。游戏仪式表现得较为“宽容”，观赏者与参与者有时角色相互转换，观赏者偶尔也可以获得参与游戏仪式的机会。仪式的观赏者往往有着强烈的参与渴求，他们或因年龄太小却对高年级的游戏感兴趣，或因错过游戏开始的时间点而无法加入，这时他们一般会站在游戏仪式的范围外静静地观看，等待自己成为参与者的机会。还有的儿童主动充当观赏者，并不愿意参与到同学的游戏仪式当中，小瑞就是这样的孩子。

今天我参与孩子们的“踩关”游戏时，四年级的小瑞一直站在旁边看，我便问他要不要一起加入，他摆摆头并用略带沙哑的嗓音拒绝说“不用”，然后马上转身离开。后来，我一边参与儿童的游戏，一边寻找他的踪影，发现那个胖乎乎、憨憨的身影在离我们游戏圈子不远处的台阶上坐着，原来他一直坐在那继续看我们玩耍。说来，还是挺心疼他的，这个孩子被所有的学习圈子、活动圈子排斥在外。进入四年级的第一天，就有孩子当着他的面和我说，“老师，他是我们班成绩最差的，班上倒数第一，只能考十分、二十分的”。他听后，也没有多大的反应，估计已经习惯了吧。

在日后的接触中，我会刻意接触他，夸他的字有进步，他对我报之一笑，越发努力地试图写得好看点；在路上碰到他时，我会关心他是否吃过饭，他也蹦蹦跶跶开心地回应我；他坐在我的左边，上课一直会往我这边看，有时我会装作没看见，有时我会报以微笑，他马上不好意思地转过头；我会告诉他要不要参与到同学的游戏中，尽管还是说不要，但是起码他感觉到有人关心他的存在。偶尔有一次他主动变为参与者，令我又惊又喜。课外活动上，LDL、RYR、ZYX为了逗我开心，给我表演“武松打虎”“送犯人至刑场”的场景，小瑞说“我也来，加我一个”，便也参与其中，从观察者到参与者，即使他被要求扮演押送的犯人，也毫不拒绝。那一刻，孩子们略显稚嫩的动作，真挚的笑容，让我感动不已。（来自田野日记）

接触一段时间后，我总结小瑞成为游戏仪式游离者的原因，大概有三点：一是由于生病，他的智力受到损伤，整个头的形状有点变形，右边脑袋有些许凹进去，头呈尖形，嘴巴也有点歪，长相上就异于常人；二可能是身体原因，成绩不好，被大家称为“差生”；三是自理能力不够好，经常从身上飘来一股味道，同学也经常和我抱怨，“老师，他身上很臭”。这些都导致他性格孤僻，平时没有什么朋友，也不参与大家的游戏，可就是这样的孩子，他自己也很主动地远离大家的游戏圈子，只是默默地做一个观赏者，自己一人待着，估计他没有被其他人邀请过，或许是曾经被拒绝过。大家只有在需要向他借东西时才会与他交流，比如课外书、尺子之类的。

不同于小瑞的主动游离，二年级的小桢非常想加入我们的游戏仪式，可同学们都不同意，询问原因后才知道，因为上次孩子间不小心地打闹，他的妈妈来班里吵过，所以大家就都远离了他。小桢后来回忆说，“下课的时候，万老师跟我们班的同学们玩，可惜他们不让我参加，万老师说为什么，他们说班主任不让所有同学和他玩。看着他们玩得高兴的样子，我永远不会忘记我当时的心情”。

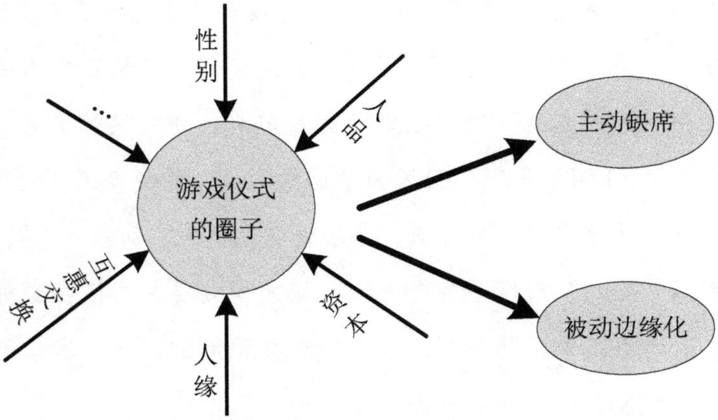

图 3-5　儿童对参与者“准入与排斥”的逻辑

像小瑞、小桢这样被排斥在游戏之外的孩子其实还有很多，或因成绩不好，或因自身脾气性格不好等原因遭人嫌弃、远离[①]。他们经常坐在教学楼大门口的阶梯上静静地看着操场上玩耍的同学，作为一个游戏仪式的观赏者而存在。虽然，他们的身体没有参与到游戏仪式的过程中，不过从视觉层面他们或许已经获得了愉悦与满足，被包容进游戏仪式中。这其实也表达出儿童日常互动中存在的隔阂和矛盾，折射出群体亚文化，只不过儿

① 之所以我能够与小瑞、小桢他们建立起比较好的关系，主要源于我在进入每个班进行调研时，一般都会选择班级最后排的位置作为我的基地。原因有二：第一，处于最后方可以观测全班同学的行为举动，但也不至于太显眼；第二，一般被公认为“最调皮”“最不好管”“成绩最差”的孩子会被放在最后排，有时他们会成为你的关键引导人也不一定。在四年级的班级里，我前排的女生 CX 成绩不好，但是特别活泼，经常一进教室就告诉我有什么活动，最近班级里面有什么有趣的事情，她有什么想法。我想问什么问题时，她总是很热心地帮我去询问其他同学然后告诉我，这为我的研究也提供了很大的便利。

童自己会采取一些方式，或静观或离开等形式，以释放个体的不良情绪，进行自我意识的觉醒。

因此，在儿童的游戏仪式中有主动“缺席”和被动“边缘化”两种，他们大多不是作为参与者直接介入事件，而是作为观望者、感受者存在于仪式的边缘，相对安静、自足地过着自己的时光。对于他们来说，游戏仪式空间并不是表演的“前台”，他们依旧待在藏身的、隐形的“后台”。这些处于边缘位置的儿童，虽然身在真实的仪式场景和情境中，但却没有主动或真正地参与到仪式过程中，没有与他者进行有效的、实质性的沟通和互动。对于他者来说，他是旁观者，是观众，甚至是游离于仪式之外的孤独者，是在场的“不在场者”。

4.“踩关”：战争仪式原型[①]

为了更全面地展示儿童日常生活中的游戏仪式过程，笔者选取了在C校最为风靡的“踩关”游戏仪式作为深描素材。孩子们只要一下课，就一窝蜂去操场占地盘开始玩“踩关”，十面埋伏恰似烽火再起，只为赢取决战的胜利。询问孩子“踩关”游戏名字的由来，得到的答案是“一直都是这么叫的”“我们也是从别人那里学来的游戏”。“关，塞也”，指古代在险要地方或国界设立的守卫处所。从“踩关”的名字看，我们可以联想到古时作战的情景，目的是从关外攻入关内一举打败敌国。从游戏的形态来看，“踩关”仪式是对战争的一种模拟，从场地安排到作战布局，与真正打入关中的战争颇为相似。由于需要的场地较大，参与游戏仪式的成员也

① 战争仪式，是指群体为了保持自身的竞争力、增强危机意识、寻找新的精神领袖，从而模仿战争行为进行激烈竞争的仪式。儿童间日常游戏仪式中的竞争行为，大多保留了战争仪式的隐喻。——参考自：余清臣：《学校文化的载体：仪式建设》，《教育科学研究》2005年第8期，第23页。

较多，此项游戏的性别意识不是很强，因此整个场面看起来十分热闹、壮观。笔者通过描述“踩关”仪式的过程，分析仪式结构，探究儿童如何在仪式中凸显主体性和能动性，以此来分析游戏仪式中蕴含的社会化元素，以及对儿童成人过程产生的影响。

（1）“踩关”仪式的开始

“踩关”仪式，首先要将参与的儿童分成人数相等的两组，一方为攻，一方为守，每方大致三到五人，人太多太少都会对仪式的趣味性有影响。仪式开始时一般有固定的分组形式，人数较少则通过“黑（手背）白（手心）配”来分组，手朝相同方向的为一组。人数较多时，儿童会换另一种方式：两两“剪刀石头布”，赢的站一边，输的站一边，中间立刻隔出分界线，两组也就随即产生，成为对垒的双方。随后，两组分别派出一位“代表”再次用“剪刀石头布”应战，赢了的继续应战对方的其他成员，输了即更换小组其他成员应战，直至有一组的所有成员全部“阵亡”为止。最终赢的小组为“攻方”，输的小组为“守方”。在仪式的分组过程中，最终赢得胜利的小组成员通常会获得组内其他成员的称赞，因为这让小组占据了主动权，即使看起来这只是“运气好”的一种表现。

“剪刀石头布”在游戏中一般起辅助作用，成为游戏开始时分组的仪式化行为。这种仪式化行为，象征着相互克制的基本力量，“一物降一物”，剪刀赢布、布赢石头、石头赢剪刀，事物之间相互克制、制约或抑制。儿童在无意识的游戏仪式中，也体会着世间万物关系的深层文化意涵。

（2）“踩关”仪式的过程

“踩关”仪式通常在比较宽阔、平坦的操场上进行，儿童需要划分固定区域作为仪式空间——“关”。它一般由边长 2.5 米至 3 米的正方形或长方形领域来代表，在仪式参与者眼中象征着自己的“王国”，任何人不得侵犯。儿童只能在规定的方框内活动，不得超越边界。

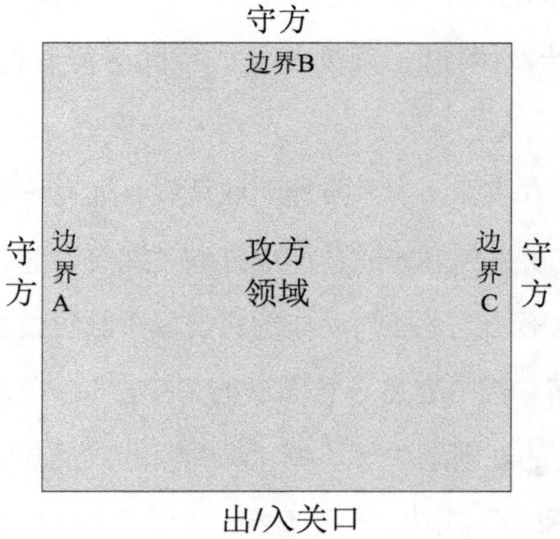

图 3-6 “踩关”仪式成员位置分布图

当作为攻方的儿童询问“开不开？”守方回答“开”后，“踩关”仪式才正式开始。若是攻方在守方未回答“开”之前进入“关内”则触犯禁忌[①]，也就“死”了；若是守方回答“开”后，攻方 10 秒内尚未进入“关内”也会因触犯禁忌而“死”。攻方成员只要任一只脚踩在或踏过分界线即攻破该“关”，攻破守方 A、B、C 三个领域后才算成功过关。第一级攻方必须单脚进入关内，双脚落地即“死”，攻方成员只需在守方的三个领域分别踩一次，就可成功出关进入第二级；第二级攻方可双脚进入，此时攻击守方三个领域的次数各增加到两次；以此类推，到第十

① 禁忌（taboo）是指对特定的物、人或行为在道德、宗教上被限制或禁止的行为，禁忌在秩序中起着重要的作用。——摘自：罗红光：《人类学》，中国社会科学出版社 2014 年版，第 42 页。

级一轮完整的“踩关”仪式结束。级数越高，攻方需要踩关的次数相应增多，难度增大。作为守方的儿童可在分界线外的任何区域移动，同时他们自由分配成员的具体守关位置，以此确保每个要塞之地都能够坚不可破。他们具备的唯一功能是用手触碰关内的攻方成员，若触碰成功该守方成员“壮烈牺牲”，须离开仪式空间等待其他成员过关成功将其救活。

当然，若是攻方成员认为靠技能无法获胜，还有一种“碰运气”的规则：当攻方任一成员来到守方成员面前并喊“踩关”时，其他成员要像木头人似的站在原地不动，有任何动作的成员属于触犯禁忌，因此这需要攻方成员间互相通气，否则容易导致无辜的“死亡”；守方任何成员此时用手或身体触碰致死的规则也失效。喊“踩关”的成员与守方成员“剪刀石头布”，赢了即“踩关”成功，输了直接“死亡”。这种策略一般出现在攻方已拿下守方两个领域，所有守方成员都集中在尚未被攻破的关口，双方相持不下的情况。当攻方所有人被触摸致死即象征着全军覆没，此时守方转变为攻方的角色继续游戏。当一轮游戏仪式结束，即任一组完成“第十级”时，成员重新分组开始新一轮的“踩关”仪式。因此，对于每个小组的成员来说，竞争是在公平的前提下进行的。

表 3-1 “踩关”仪式的元素分析

角色	守方	攻方
位置	外	内
禁忌	不可越界； 不可在攻方喊“踩关”后触碰攻方。	不可在守方未“开”关前进入关内； 不可在守方“开”关 10 秒后还未进入关内； 第一级不可双脚落地； 任一成员喊“踩关”后不可有任何动作； 不可被守方成员触摸到身体的任何部位。

“踩关”仪式有不同的级别之说，从低一级到高一级的过渡过程，可

以看作是以“级别挑战”为“阈限”的“通过仪式”[①]。每一级自身就是一个完整的小“通过仪式”，同时也是下一级的“前阈限阶段”，下一级则是前一级的“后阈限阶段”。级数的升高，象征着难度的提高，“下一级”总比“前一级”更具挑战性。另外，“踩关”仪式中的每个级别又是互相联结的，慢慢地不断构成更大的“通过仪式”，儿童只有通过所有级别“阈限”的考验与磨难后，才能到达一种全新的“重生状态”。每个儿童在“踩关”仪式过程中都发挥着自身的作用，任何一个成员的成功或失败都直接或间接地对仪式推进有关。只有组内的儿童拥有挑战困难、面对困难的勇气，以及儿童间的默契配合，用体力、智力来应对每个小的“通过仪式”，才能成功通过阈限的“考验”与“磨难”。儿童也只有不断通过一个个考验才能获得下一级别的通行，进入到更高层次磨砺与升华的状态中，才能最终获得“重生状态”。

（3）“踩关”仪式的结束

当“踩关”仪式的参与者完成了规定的级别与轮数后，仪式自然而然结束；有时因上课铃声响而导致游戏中断；有时因参与者在体力与心理上都得到满足而结束。胜利一方的儿童获得自我满足感，失败的一方也不甘失败，暗暗决心夺取下次“踩关”仪式的胜利。他们参与游戏仪式的初衷就在于收获乐趣，获得情感的慰藉与平衡，并不体现在物质层面。

“踩关”仪式结束后对参与的儿童影响也是极大的。儿童在“踩关”仪式的过程中，能够自然而然地构建出一种有秩序的游戏世界，其中存

---

① 范热内普的“仪式理论”认为：通过仪式包括分离、过渡和聚合，分别代表前阈限、阈限和后阈限。游戏中的前阈限可看作阈限阶段级别中处于模糊不定的阶段，胜负成败均有较强的不确定性。

在着权威和普通的差异，表现出色的成员在游戏圈中具有较高的权威，说话很有分量，跟世俗世界十分类似。表现出色的儿童获得“威望”，在日后的“踩关”仪式中会获得优先参与的权力；表现平常的儿童，不仅能够壮大游戏仪式的规模，而且自身也能够在仪式中获得满足感，成为仪式不可或缺的部分；同时，作为仪式观赏者的儿童，他们不仅在视觉上受到冲击获得情感满足，在吸取经验的同时也为今后能参与“踩关”仪式做好技能准备。

（4）角色象征

在“踩关”仪式中，每个儿童都有各自扮演的独特“身份角色”，并对应与之相符的地位与规定要求。角色的权利和义务通常是现成的、既定的，由有经验的儿童介绍并解释；有时也可以事先进行讨论，不过如果进入到角色中，那就得完全遵守该角色的规定。

在“踩关”仪式分组时，若有单数的情况则会被称为“泡泡”，他属于双方共同的成员，不需要守关，永远处在攻方的位置。若是中途有人想加入做“泡泡”，则一般是技能水平较高、人缘较好的儿童，但很少有这种特殊情况发生。有几次学生邀请我参加他们的“踩关”仪式，人数出现单数时，我直接被定为“泡泡”，孩子们说“因为你是老师”“因为你的手比较长”[①]“因为你比较厉害”“因为我们想要加你玩”“因为你比较公平，不会偏袒任何一方”。可见，“泡泡”象征着“身份权威者”“技能权威者”“公平执行者”等，接受所有游戏者的认定和监督。若“泡泡”在“踩关”仪式中能够充分发挥自身的作用，就会获得不可替代的地位和威望，这有利于他们在日后的游戏仪式中被充分信任，拥有持续

① 在“踩关”仪式中，守方因触摸对方而致其“死亡”，因此“手长”便成为优势。

的影响力。

"踩关"仪式过程中会出现具有一定"权威"的角色，这一般是组内技能水平高、有策略或威望较高的人，他们发挥着重要的作用，如何在"踩关"过程中有效、合理地安排战术，组织成员取得胜利，都象征着"权力"的行使。在"踩关"仪式中赢得越多，证明他越有能耐，会使得"权威者"产生优越感，尽管只是象征性的"权力"和身份，但在同伴中却很有地位。正如格尔茨的深描理论，"看似一种无关紧要的简单游戏，在他眼中却发现了更为深层的社会心理、人际关系以及伦理道德、禁忌等等各个层面的文化含义"①。当然，如果权威角色主观随意地解释游戏规则时，就会有抗议和叛逆、反权威的角色出现。

（5）巫术色彩的呈现

在"踩关"仪式中，存在着巫术思维的踪迹，即"触摸致死"的观念。这与弗雷泽提出的"接触巫术"概念相关联，即"事物一旦互相接触过，它们之间将一直保留着某种联系，即使他们已相互远离"②，也就是说，双方之间存在着某种神秘的、象征性的联系。在"踩关"仪式中，守方成员对攻方成员具备一种无形的破坏力，通过象征着破坏力的触碰便可达到伤害敌方的目的。具体来说，如果守方用手接触到攻方成员的衣服或身体的任何部位，那么被碰触到的攻方不仅失去攻击的力量，而且直接"死亡"，当然这里的"死亡"是象征意义上的称呼。

诅咒也在"踩关"仪式的特殊结构情境中产生，以卡茨的观点，"诅

① 刘晓春：《民族志写作的革命——格尔兹〈深层的游戏：关于巴厘岛斗鸡的记述〉的意义》，《民族艺术》2006年第1期。

②［英］弗雷泽：《金枝（上）》，徐育新、汪培基、张泽石译，新世界出版社2006年版，第16页。

咒不仅是巫术性的，而且完全可以说是仪式性的”。不同于“踩关”仪式中类似“不准超线”“不准犯规”等用以警告、呵斥的语言，儿童“踩关”时还会使用一些忌讳的词语来表达自己的情感，希望借助“死了！死了”的诅咒达到让对手马上失败的目的。有时儿童会因为“死了”这句诅咒成功而异常兴奋，并更为热烈地继续诅咒。另外，口头诅咒内在地是社会性的，通过诅咒的方式也可以强调成员内外间的排斥性，用语言表达对自己成员的关心，把所在组内成员连接成一个集体，建立起彼此的情感能量。“死”与“输”相对应，但“死”也因其禁忌性而引起关注，当对方的参与者输了会说“你死了”，这并不是真的希望他死掉，而是一种表达自己内心深层动机的象征方式。但是，有一次四年级的 ZYX 因为输了被 LDL 说“你死了”而发怒，与 LDL 发生冲突并开始哭泣，大大咧咧地回攻道“你才死了呢”，直到最后笔者向他解释这只是游戏语言，并不是真的说“你死了”才慢慢平复下来[①]。偶然性改变着生活，“一个很少被理解的必然性，被看作是命运的偶然性的幽灵”，儿童作为仪式的参与者都期望通过小小的诅咒对偶然可变性能够有些控制和把握。

四、小结：对制度化生活的突破

在学校的日常生活中，儿童脱离制度化的公共领域开始打造自己的私人领域，在此过程中没有制度化的、强制性的色彩，而是儿童个体主动的、积极的行动。他们构建属于自己非制度化的日常仪式，这种仪式类型的内容来源于生活、来源于社会，立足于儿童的实际经验，是鲜活的、富有立体内涵的。它能够成为一个平衡器，庇护儿童个体的意义，缓解因学

---

① 2017 年 4 月 18 日的田野笔记。

校生活的制度化而造成的紧张情绪。在非制度化的日常仪式中，儿童个体不再是制度化生活中戴着面具的"公我"，而是喜怒皆自然不带修饰、永远孩子般的"本我"。他们可以体验狂欢，从现实的规定性中逃逸出来，这正是对制度化学校生活的一种直接的反抗。

一方面，在个体的日常仪式中，儿童不断地构建自我的意义世界。在此仪式过程中，个体也开始追寻自我与他者关系，在生活逻辑的建构和运行中，将自己的行为和情感融入人的生存、发展和自我实现的过程中，丰富了个体的情感体验。此时的儿童，不再是统一的、抽象的、规范化的学生概念，而是具体实践中真实的、多样的、鲜活的个体存在。具体来说，个体通过具有这种特定结构和行动步骤的行为，构建出一个个具有意义的仪式情境，能够从中体验这些意义带来的心灵慰藉和精神需求。制度化仪式中个体的匿名性、外在性，导致个人意义体系的杂乱无章，然而非制度化的仪式却试图打破此种僵局，成为帮助个体处理自己感情和经验的一种重要方式。花花通过"日记写作"的仪式可以回归到真实的自我，摆脱了规范、纪律、秩序的控制，与自己展开单纯的、非功利性的精神交流，从更深层次上得到主体本真的体验，不再需要用他人的标准来衡量自己。"仪式对仪式行为者的意义在于精神领域的意义。"[①] 其实，仪式是集"虚拟性"与"真实性"于一体的，花花在非制度化日常仪式都构建了具有"虚拟性"的情境，但是仪式带给她的情感和心态却是真实的，在虚拟中感受真实，在真实中产生共鸣，拓展儿童生命存在的丰富性、生活感受的真实性。通过个体的日常仪式，儿童将现

---

① 薛艺兵：《对仪式现象的人类学解释（上）》，《广西民族研究》2003 年第 2 期，第 33 页。

实的世界和意义的世界联系起来，构建自己对外界的感知，形成自己对生命意义的理解。

另一方面，在团体的日常仪式中，儿童也在不断地构建自我的群体互动空间。仪式的场景铸成了一道道有形的墙（仪式区域等）以及无形的墙（仪式结成的群体与心理场）。通过建立勒温所说的“场”，儿童作为仪式的观赏者与参与者形成共同体，产生一种临时性群体对结构化社会的冲撞力，它存在于既有的社会结构之外。“兄弟帮”的共享仪式，消解了制度化生活中的秩序与规则，使儿童从制度化的学校生活中暂时脱离出来，回到属于自己群体的世界，在其中充分展现自我的能动性和主动性，使儿童在学校日常生活中的紧张和矛盾得到缓解。游戏仪式，虽然表面上看来儿童是被游戏控制，但实质上仪式的规则是人为定下的，它的参与者是儿童主动选择的，它的结局是儿童可以争取的，儿童可以决定游戏仪式，或者心甘情愿地将自己置于游戏仪式的控制中。在团体日常仪式的场景中，既有的社会结构与社会秩序不复存在，儿童群体创造新的规则、秩序、价值观念，这都体现出儿童自身的行为逻辑与语言。他们时刻遵循非制度化仪式中的秩序，而这种秩序有别于学校制度化日常生活中的秩序，这恰好也是儿童团体日常仪式的独特之处。也就是说，儿童间的这种互动体现了特定的文化价值、传递着特定的历史经验，是超越此时此刻的历史存在。非制度化的日常仪式中体现了自由与规则两方面的精神，它们共同维系着仪式的程序，推动仪式顺利进行。作为团体日常仪式的主体，儿童通过身体展示与表演释放内心情感，选择、形成权威和领袖，产生角色与规范意识，在仪式所形成的小圈子中完成自我无止境的表演，通过一次次在游戏仪式中的自我超越而回归自身，儿童的主体性与群体性、身体与心灵、情感与理智得到平衡发展，他们进一步成长为文化人、社会人。

总之，非制度化的日常仪式具有日常性、重复性和象征性的特征，这使得它在儿童的学校生活中占据着非常重要的位置，不仅维系着他们内心秩序的稳定，而且维系着他们与社会和他人的关系，让他们试着能够找到自己在社会中的位置。同时，日常仪式具有明确意义、铭记情感、丰富记忆的作用，通过功能性、程序化的自由活动，在无意识中渗透社会规范教育，传递着知识文化，诉说着个体情感。儿童在非制度化的日常仪式中，生成一种诗情画意，自主翱翔于个体无限的精神空间中，“天地一沙鸥，随时反观启示着制度内的心情与心趣”[①]。

① 刘云杉：《学校生活社会学》，南京师范大学出版社2001年版，第313页。

第四章

制度化与非制度化仪式的功能分析

在学校场景中，儿童个体心灵的成长，不仅仅来自对学校结构化、强制性灌输的内容的体验，更来自儿童自身的验证。在成人过程中，儿童通过自身的努力不断超越自我，而这离不开非制度化日常生活中每一瞬间的行为和情感体验。因此，我们不仅要关注制度化仪式中的儿童，更要深入到以儿童为主体的非制度化仪式中去观察儿童的行动逻辑和情感体验。在仪式中“个体何以可能”问题的推动下，制度化和非制度化仪式成为本书解答此问题的两个主要支撑点。通过以上的研究分析，我们发现制度化与非制度化仪式表现为不同的过程，遵循不同的逻辑。为此，本章重在探究不同仪式类型在儿童生活世界和儿童与成人世界中的不同功能，以及这两套意义系统之间的相互作用。

第一节　对比：两者不同的逻辑

本小节主要结合田野中的发现，从仪式的时间、空间、情感、功能四方面对学校中的制度化仪式与非制度化仪式之间的差异进行分析，探讨两者的不同运行机制。

一、时间属性

在儿童的世界中，他们生活在对未来美好的憧憬和想象里，成人则生活在惯常的生活秩序中必须面对现在，因此儿童的时间是潜在的时间，成人的时间是现实的时间[①]。“当我们从非个人化的角度考虑时间时，我们认为它是同质的，所有的时间都是一样；而当我们从第一人称‘我’的角度去考虑时，我们自然而然地就会区分出不同的日期”[②]。

以学校为主体的制度化仪式有着严格的时间限制，在时间的选择方面也具有深刻的教育意义，往往背后蕴含着历史的、文化的、社会的特殊意义。学校通过对特定时间的安排，导演固定的仪式流程，将社会系统的运行机制渗透其中。例如，纪念仪式在清明节举办，寓意着回忆过去的历史、强化儿童对国家的认同等，将对烈士的崇拜与努力学习结合起来，共同促进儿童成为合格的共产主义接班人。同时，由于制度化仪式被反复操演、实践，就为儿童的记忆提供了一种连续性，为过去、现在、未来三个时空建立了一种稳定的关联。

然而，非制度化仪式中儿童对仪式操演的时间有着选择性与能动性，而非被决定、被制约，例如什么时候举行共享仪式、游戏仪式可以通过小团体的商量达成默契后开展。这些特定的时间无形中被儿童自己赋予了丰富的意义，从而使得仪式的呈现更加符合他们自己的价值期待。因此，就时间属性而言，两者最关键的区别就在于，一是由学校制度规定，一是由

---

① 卡斯塔涅达（Claudia Castaneda）认为，“儿童是正在形成中的成人，可以成为对成人世界的一种反省或再创造”。也就是说，儿童作为一个永远处于“正在形成”（becoming）状态的存在，还未完成但却是有潜力成为“成人”的存在，具有中间性、可变性和潜力性。

②［英］里德伯斯（K. Ridderbos）编：《时间：剑桥年度主题讲座》，章邵增译，华夏出版社2006年版，第167—168页。

儿童自发选择。

另外，日常与非日常也可成为划分制度化仪式与非制度化日常仪式的时间属性，日常具有持久的、绵长的特性，非日常则具有短暂性、爆发性。然而，非日常生活是人们现实生活世界的一部分，是日常的一部分延伸，两者相互联系，密不可分。正因为如此，儿童作为主体，对日常与非日常时间的体验当然也是不同的。制度化仪式作为儿童在学校日常生活中的特例，属于非日常生活范畴，儿童个体能够从日常事务和日常关注中解脱出来。相对于日常生活而言，某种文化特质只有在某些特定的瞬间才得以显露，例如国家神话在升旗、宣誓等仪式活动中的体现，所以制度化仪式是日常生活中“非日常”的结构和行为系统。非制度化仪式则不同于日常生活中的习惯行为，主要是指儿童在学校生活中进行一些具有创造性和主动性的非日常行为，同时它们在日常生活中被儿童不断重复，并将其日常化。

二、空间属性

康德曾把空间界定为“待在一起的可能性”，仪式的空间属性不仅可以代表仪式发生的方位，而且能够体现出仪式中存在的关系网络。在学校的空间中，教师与儿童或儿童之间构成的空间形态被称为“人际空间”，其活动范围受到物理空间的限定，是一种“主观化了的客观空间”①。仪式空间就是在仪式结构中各要素相互连接和影响下所建构的规范秩序和行为边界②。儿童在仪式中被放置在不同的空间位置，一方面体现了不同的行为

① 吴康宁:《课堂教学社会学》，南京师范大学出版社 1999 年版，第 21 页。

② 汤小静、张新标:《论大学仪式的结构要素》,《高教探索》2018 年第 3 期，第 26—30 页。

模式和表演情境，另一方面也构建了儿童与他人在知觉、情感等心理上的不同联结状态。

公共空间凸显的是空间的融通，而个体空间强调空间与空间、人与人之间的区隔。在制度化仪式中，儿童与教师共同分享仪式空间，不管彼此是否相互接纳，福柯意义上隐蔽的权力控制在此上演，恩威并重式的言说对儿童的身心进行着规训。非制度化仪式则是以儿童为主体，在教师相对忽视的空间内开展着具有自主性和创造性的活动，积极探寻和延展自己的学校生活空间，展现自己的能力。他们营造了一个身处其中的“生活空间”，共同构建了一个引导行为方向的动机网络，这能够有效抑制差异、充分突出个性，有利于促进个体力量在群体协作中发挥作用。具体来说，在学校里，儿童通常会躲避成人的掌控，在公共领域之外通过结伴成群的方式去构建自己的私人领域，打造自己的王国，在这种小团体内精心维护自己的个体空间，在其中表现自己的真实想法、突破自己的“定位”、表达自我的个性。不过，当教师的角色被学生接受时，他或许可以处于公共领域和儿童私人领域的双重空间地带。若是学生对老师有抵触，一定会把教师排斥在私人领域之外。笔者在 C 校的研究发现，除了学校规定的公共空间外，由于教师权威性较高，老师与学生之间大多处于这样的状态：你在你的个人空间，我在我的个人空间，相互望着对方却毫无交流。

儿童生活在成人的世界中，而不是自己的世界中。“孩子碰着的不是一个为他方便而设下的世界，而是一个为成人方便所布置下的园地。他闯入进来，并没有带着创立新秩序的力量，可是又没有个服从旧秩序的心愿”①。因此，成人大多喜欢用他们规范世界中的逻辑，将儿童围在其中，

① 费孝通：《乡土中国：生育制度》，北京大学出版社 2014 年版，第 101 页。

让他们生活在规范的世界中。在制度化仪式空间中，存在着明显的等级之别，教师是主导者、权威代表的角色，同时也存在着以“秩序”为特征的行为系统，儿童的一言一行都会受到控制或者监视。然而，他们也需要有自己的空间，这个“自己的空间”是自我的住所，儿童能够将眼光放回到自己的身上，其中孕育着他们的精神空间。然而，制度化仪式大多是在公共空间中举办，成人作为主导，儿童个体只能服从，这样的空间是冷漠、坚硬的。无论是纪念仪式还是捐助仪式等，它们都彰显着儿童在公共空间内生活所必备的秩序、规范和态度，通过设置空间距离来凸显秩序并彰显权威，在秩序与权威面前，个体的“我”被匿名化了，他们被要求用服从的态度来遵循秩序，用崇拜的态度来面对权威者。

所以，要想实现仪式中的理解和对话，就应该对仪式空间进行去中心化的安排，让个体从公共空间中抽离出来，构建属于自己的空间，在此空间中儿童个体间距离更加贴近、情感更易交流。非制度化仪式就是大多发生在儿童或儿童间的个体空间中，按照他们自己的意志自主控制的领域，属于儿童自己的乐园，空间也因此变得生机勃勃。无论是个体的日记，还是团体的共享、游戏，都体现着儿童私人空间中运行的规矩、习惯等，其中生产或再生产着一套自我意义世界和群体互动的逻辑体系。

三、仪式情感

仪式是传播和强化情感的一种重要方式。格尔茨提出仪式能引发人们两种不同的习性，即“动机”和“情绪”，其中动机由目的而“被赋予意义”，情绪则由情境而“被赋予意义”。涂尔干也表达过类似的观点，集体通过仪式被集合起来并以此体现出集体力量的“动机”，同时通过仪式参与者开始产生兴奋的“情绪”。布朗提出，“由于人的大部分行为受到所谓情感的控制和指导，从而被认为具有精神气质，因此有必要尽可能揭示个人在参与具体宗教崇拜后形成了哪些情感”[①]。格尔茨、涂尔干和布朗三人运用不同的词语，但都在表达仪式对个体和群体情感的功能。正如南希·芒恩（Nacy Munn）所说，仪式就像是一个转换开关，它充当着社会和个体之间的媒介，“一端是社会政治秩序的外部道德约束和类分，另一端是个体行动者的内在情感和想象”。

情感是一种具有空间性的力量，个体置身于由语言、行为、声音、器物等营造的“仪式场”（如图 4-1）中，相互间的个体情感会受到感染。就像在剧场中“各种灯光、舞美、姿态、行动和身影的刺激”控制个体的情绪一样，诸如此类的因素能够帮助仪式产生强大的情感影响力。具体到个体来说，情感“是个体心性价值世界的基础，是个体确立道德价值信仰的前提，是个体整个精神价值追求的内在驱动力”[②]。在学校日常的学习生活中，不同年级不同班级间儿童的交流较少，但是由于学校仪式具有情感聚合的功能，使得儿童被集中于同一空间、体验同一仪式，即使不能进行言语的沟通，也能够建立起共同的情感联系和集体认知。在此过程中，仪式符号的意义不断被内化，从而形成了稳定的社会情感或个体情感。狄尔泰认为，“生活体验是一种反射性的或自发的意识，它是生活中直接的，先于反思的意识”[③]。理想的学校仪式就应该是鲜活的、丰富的和生动的，是融入学校生活中的特殊生活体验。

---

①［英］A.R 拉德克利夫－布朗：《原始社会的结构与功能》，潘蛟等译，中央民族大学出版社 1999 年版，第 198 页。

② 杨立英：《现代公民道德教育的方法论思考》，《思想理论教育导刊》2004 年第 10 期。

③［加］马克斯·范梅南：《生活体验研究——人文科学视野中的教育学》，宋广文译，教育科学出版社 2003 年版。

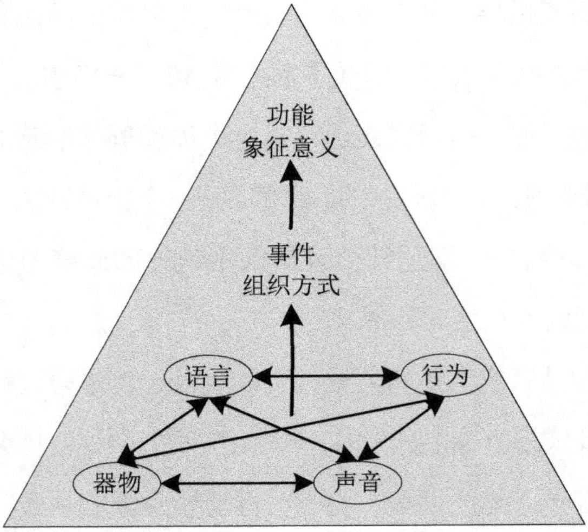

图 4-1　仪式场的主要要素

不容置疑的是，学生参与不同类型的学校仪式会产生不同的情感体验。制度化仪式通过结构化的内在机制建立了儿童情感的社会性，社会的强制力占据主导力量，因此集体情感会大大压制个体情感。例如在捐助仪式中，学校用制度化的仪式和文化来塑造贫困生的形象，符合学校文化模式的儿童个体情感被大大彰显，不符合的个体情感则无法得以表达、受到压抑，这就会导致未来开展同类型仪式时，儿童个体情感会在自我认知构建的过程中逐渐弱化、淡出。不过，个体情感作为儿童体现其主动性与能动性的一种表现形式，其中也蕴含着用来抵抗外在制度化社会结构对个体的压抑和制约力量。非制度化仪式正是唤醒个体超越、完善自我的一种方式，为个体情感的表达提供了平台与机会，能够让个体拥有持续发展的内在动力。具体来说，在周期性的反结构仪式中，个体情感得以暂时呈现；在日常仪式中，儿童的个体情感占主要地位，基本摆脱了集体情感的限制，这也为儿童个体提供了一种在心灵上追求自由的可能性。

四、仪式功能

借助社会和文化系统所赋予的意义和价值，仪式的能量才能够得以传递。学校仪式就是蕴含着特定的价值，在一定教育目标的指引下，遵循着成人过程的规律而展开，其功能渗透在仪式的全过程中，以一种内隐的方式影响和塑造着儿童的成长。特别指出的是，制度化与非制度化仪式的功能分别侧重于儿童社会性和个体性的塑造。

制度化仪式为维持学校、社会和国家既有的模式，从非个人化的制度出发，用纪律和规范构成对儿童的控制，体现其具有浓厚控制色彩的工具性价值。从社会性层面来说，制度化仪式活动主要是权力的实践，其本身就是一种在社会语境中带“强制性”的活动，外在规定了我们必须遵循的规则和行为方式，目的是灌输一套国家、社会及学校认可的思想系统，推行一种行为模式，将儿童打造成为被社会认可的角色，只不过这就有可能导致儿童内在于生命的主动精神和探索欲望会被无情地磨灭①。乌尔夫曾指出，“仪式形塑了儿童的生活，并使他们可以适应某种社会秩序。同时，仪式构成社会化领域和制度之间的桥梁，并使对于课程和学校都非常重要的社会学习成为可能”②。在制度化仪式中，儿童作为有着鲜明个性、极具生活色彩的个体在制度中逐渐丧失其主体地位，开始居于边缘位置，并逐渐呈现出抽象化、匿名化的特征，他们以整体的身份存在，或是一年级新生，或是即将入队的少先队员，或是即将毕业的学生，仪式主体在仪式的过程和仪式情境里，“个性在有意无意之间转化成了群性”。

制度化仪式中的规训导致儿童在文化中“自我迷失”，也因此儿童个体

---

① 叶澜：《重建课堂教学价值观》，《教育研究》2002 年第 5 期，第 3—7 页。

② ［德］克里斯托弗·乌尔夫，赵雅量：《教育中的仪式：演示、模仿、跨文化》，《北京大学教育评论》2009 年第 2 期，第 130—142 页。

对激发自我发现，尽可能地实现自我提出了更为迫切的要求。在以儿童为主的非制度化仪式中虽然也存在着复杂的人际关系和权威关系，但是它更加遵循的是另一种生存逻辑，即这种人际关系主要是在同伴活动的互动、沟通中产生的，并形成一套儿童自己独特的处世哲学和价值观念。具体来说，儿童能够根据他们自己的智慧为生活赋予一套独有的结构，在共同的行动中相互融合，传递情感上的安全感和社会可靠性，缓解紧张的压力、增添生命的亮色，从而在规范性与自发性之间保持一种平衡。正如金生鈜提出的，“摆在个人面前的任务是自我筹划的，这是以个体为中心的‘自我认同’(self-identification)”[1]。个体只有实现了自我，才能够真正地富有生命力和创造力。

因此，从功能分析的立场出发对这两类仪式进行比较，不难发现，它们都是一种实践活动，个体在这种实践活动的交互作用下，不断内化社会文化价值、规范社会行为，对秩序的整合具有重要作用。不同的是，制度化仪式侧重于建立和演示权力与权威，主要是对学校社会秩序的整合；非制度化仪式则侧重于展示个体的行动策略和情感体验，主要是对个体内心秩序的整合。

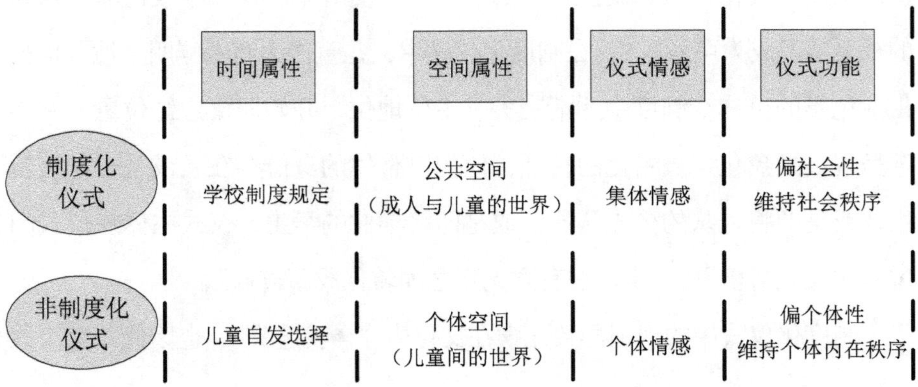

图 4-2　制度化与非制度化仪式的对比

① 金生鈜：《规训与教化》，教育科学出版社 2004 年版，第 136 页。

第二节　相互关系：渗透与互补

儿童成人的过程其实就是社会化的过程，其中主要包含着“社会教化”和“个体内化”两个方面的内容，但是这两者不是单纯对立的，而是相互连接的。也就是说，我们不能把制度化与非制度化仪式完全分开来看，否则就容易导致研究视域与思考上的二元对立。事实上，制度化与非制度化仪式中的逻辑既相互区别又有着无法区分的联系。因而，制度化与非制度化仪式、儿童的社会性与主体性、学校与儿童之间的联系、沟通与互动的过程才是认识社会与个体关系的重要角度。

一、制度化仪式功能在非制度化仪式中的渗透

（一）规范的塑造

仪式最为重要的特征之一就是程序规范化，它和重复性一同赋予仪式以稳定性。学校仪式的开展就是根据不同仪式的特征、基于特定的程序化标准而设计、安排的，是需要遵循一定的原则进行展演的。课堂仪式、升旗仪式、入学典礼、毕业典礼等学校制度化的仪式，见证了儿童的成长过程，也将在儿童的记忆中留下深刻的印象。仪式中构建的规范和秩序都是由文化构建的、由社会生成的。

在制度化仪式中，儿童必须严格按照学校的规定，遵循固定的程序或者事先的预演，从时间、空间、服装到语言，按部就班地参与各类“场景化”的活动。在仪式掌控者的要求下，儿童只是作为被动的接受者而存在，以一种配合的“虔诚”状态进入仪式，主体意识在强制性的制度中被剥夺，儿童被训练成为福柯眼中“听话的身体”。同时，现代社会权力技术对个体的精神塑造功能也愈发明显，它“不再是通过公开处决中制造过

度痛苦和公开羞耻的仪式游戏运用于肉体，而是运用于精神，更确切地说，运用于在一切人脑海中谨慎地但也是必然地和明显地传播着表象和符号的游戏”，或者说权力“不再运用于肉体，而是运用于灵魂”①。“仪式本身就是一场秩序安排”，那么学校制度化仪式的这种制度性、规范性是否无意义呢？其实，儿童在制度化仪式的操演中培养了秩序和规则的意识，正是在这种规范化的场景中，儿童融入仪式情境，亲身参与仪式的各个环节，对仪式的实践活动有所认知，并将习得的文化运用于日常生活中。也就是说，在仪式展演的过程中，儿童主体对仪式规定的认同将会有一个转变的过程，由最初的被迫束缚到逐渐的接受遵循，最后慢慢理解仪式背后隐含的价值作用，甚至会主动将其所蕴含的规范和秩序内化为自我的行为标准，发展为自身品德的稳定部分。因此，学校制度化仪式的规范性能够让儿童对自己的角色有所定位，让他们认同社会规则并内化为处事思维，承担其作为“学生”的责任和义务。

在以儿童为主体的非制度化仪式中，他们自然而然地构建出一套儿童间互动的规范，这也是对未来社会规范的适应，同时也掺杂着制度化仪式中培养的秩序感所带来的影响。儿童会严格遵循既定的规范，控制自身行为与身体实践，决不允许逾越特定的规则与秩序。在儿童间的小群体中，每个仪式的参与者也会在相互交往的过程中产生规范意识，如果有同伴不遵守规矩，则会受到其他成员的讥笑，更有甚者会被排斥在团体之外。儿童在成长的过程中为了达到同伴间和谐的状态，会主动地创设相互间的行为规范并自觉地遵守。由此可见，制度化仪式会对儿童形成强硬的权力控制，明确成文于学校的规范、制度之中；但是，以儿童为主体的非制度化

---

①［法］米歇尔·福柯：《规训与惩罚：监狱的诞生》，刘北成、杨远婴译，生活·读书·新知三联书店2003年版，第111页。

仪式则体现为对儿童软性的权威，如人际交往的习俗、共识等，遵从儿童自己的行为逻辑。儿童将在制度化仪式中内化的规范扩展到非制度化仪式中人际交往的过程中，通过激发个体秩序感形成内在约束和激励效应，将他人的生命融入自己的生命中，最终共同维持社会秩序的稳定。

（二）角色意识的形成

人的本质就是一切社会关系的总和。事实上，社会关系的建立就是不同社会角色间的彼此联结，然而个体角色并非是稳定和静止的状态，而是随着活动场景的变化以及交往对象的不同不断转化。也就是说，角色意识不是建立在先天或生物条件基础上与生俱来的，而是必须通过自身努力和社会活动来获得。当儿童进入学校这个全新的场景、全新的群体，就被赋予了学生的角色，这对他们的成人过程至关重要。

从学校层面来说，“仪式不仅告诉人们授予何人何种角色，而且令这种权威的分配合法化”[①]，在学校仪式这部“社会剧”中，每个参与角色的人都有表演内容的分化与安排，每个角色的规范实际上就是每个人的行为准则。一方面学校通过将儿童融入由象征符号、道具、操演程序等构建的制度化仪式中，去培养他们作为“学生”的角色意识，产生“学校”的概念，形成一种结构性的秩序；另外，学校通过关爱与规训的方式，对成员间的权力关系和职责义务进行限定。从儿童个体层面来说，制度化仪式会引起作为“在场者”的儿童间的情感共鸣，使他们产生一种与周围成员间的“群体感”，通过仪式重新定位自己，习得各种社会性角色，了解将要承担的社会责任。在角色这一中介中，原子般的儿童既身

---

①［美］大卫·科泽：《仪式、政治与权力》，王海洲译，江苏人民出版社2015年版，第61页。

处其场景之中，也联系于结构化的学校制度之中，个人的意义感在更大的群体中寻找认同。

米德（George H. Mead）提出“符号互动理论”，认为“自我”是在社会中产生，是整个社会系统和社会过程的组成部分[①]；如果离开社会就不可能有自我，也不可能有自我意识和交流。他把儿童自我发展分为嬉戏阶段、群体游戏阶段和普遍化他人阶段，个体通过参与社会符号互动而逐步社会化，自我就在各种具体的社会互动和人际关系中不断持续发展。在强调社会塑造自我时，米德并未忽略自我的主动性，即自我不断地反作用于群体或共同体，并使其做出某种调整和改变。同时，米德认为游戏中的角色扮演有助于自我的产生和构造，原因在于自我的社会性和表演的意向性之间具有共融共生性。仪式具有象征性、表演性和程序性，个体在仪式中相互交往，各自承担特定的角色和义务，这就能够让个体在不同的角色中收获深刻丰富的仪式体验。

其实，每一种仪式都有不同的情景，每种情景都有特定的情景规则，都是一种特殊的生命体验。儿童在仪式的展演过程中需要遵守不同的情景规则、展现不同的行为模式、进行不同的角色扮演，这就是他们不断被社会化的过程，也是他们逐渐成人的过程。在此过程中，他们不断寻找自己在社会结构中的位置，学习遵从学校或社会对他们的角色期待，并学习如何实现自己的角色义务和责任。非制度化仪式就为儿童的社会实践提供了一个特殊的机会和舞台，儿童能够通过仪式实践建构起一套规则系统，它具有神圣性、象征性的价值和意义。同时，儿童在仪式过程中通过运用角色展演和自主行动策略，以此构建自己在小团体中的角色和独立的主体

---

①［美］乔治·赫伯特·米德：《心灵、自我与社会》，赵月瑟译，上海译文出版社 1992 年版，第 72 页。

性。总之，无论是制度化仪式还是非制度化仪式，儿童逐渐融入这种结构化的仪式经历中，高度地相互关注、高度地互为主体性、高度地连带情感，在此过程中他们不仅产生了身体认同，而且每一个参与其中的儿童会逐渐形成与认知符号相关联的成员身份感以及相应的情感能量，从而构建起与他人相处的道德观念及自我的习性，使他们有热情、有愿望地去从事他们认为道德上容许的活动，为进入社会生活进行一些预备性的演练。

（三）群体认同

群体认同（social identity）是指个体对自身群体身份的认同，通过主动融入群体，将群体的秩序规范、价值观念作为自我知觉的重要程度[①]。学校仪式大多是一种群体性活动，因其主体的统一性，才使得仪式所承载的价值观念有可能传递给统一的对象群体，再由个体进行内化和实践，形成群体认同。因此，学校仪式是人与人之间进行交往的桥梁，也是一种进行情感教育、收获情感体验的形式，能够为学校、教师、儿童甚至社会等多元主体的互动创设平台、提供空间，从而实现群体间的有效沟通和交流，构建良好的人际关系。

其中，制度化仪式具有强烈的内在整合性，这使得儿童在其形成的群体中较为容易获得归属感和荣誉感。在制度化的仪式中，儿童个体空间被缩小，受到情境氛围和群体共存的影响，更易找到共同的关注焦点，引发群体情感共鸣，实现群体认同。也就是说，儿童能够在这种群体性的仪式中构建一种集体形象，通过象征系统构建的可见载体得到身份认同和角色转换，并且在这种人情往来中由个体的“我”转变为群体的“我们”，进

① 李伟强、汤明、宋彩荣等：《群体认同与社会评价对消极群体情绪的影响》，《宁波大学学报（教育科学版）》2020 年第 1 期，第 113—118 页。

而形成紧密的人情纽带和共同体的开端，这也充分展现了仪式极强的组织凝聚功能。社会学家塔吉尔·谢里夫（Tajfel Sherif）指出，社会认同就是“个体认识到他（她）属于特定的群体，同时也认识到作为群体成员带给他的情感和价值意义”。儿童在仪式过程中，会不断感知和体悟象征符号的内涵、建立共同的关注对象，会因共同焦点以及群体成员的身份产生社会认同，从而群体的情感价值也会留在他们的心中，能够进一步增强儿童的集体意识和归属感。

同样地，在非制度化仪式中，儿童一方面通过展示与仪式相关联的行动，来体现自己并非具有从属性的主体意识；另一方面儿童对自己所属的同伴群体也会产生明确的认识，确认自己和他人共处于一个群体之中，他们由于共同的热情聚合在一起，至少在短时间内团结而非对立。所以，儿童更倾向于合作、分享而不是消极地相互观望和独自行动，这有助于他们的合作、分享与谦让等社会性行为的发展。因此，非制度化仪式中的互动有意识地传达着精神对人的成长要义。儿童在同伴构成的集体中建立身份认同，这不仅仅是简单的共同体的符号，更是一种对特殊身份的认定。儿童逐渐感觉自己从“他们”转为“我们”，并从中得到情感认同和心理满足。

儿童在非制度化仪式中全身心地投入，展示自己的才能，来自游戏仪式和小团体共享仪式中构建的群体认同都能够成为他们实现自我的一个重要途径，儿童逐渐认识到自我的存在，肯定自己，相信自己，逐步实现心理上的独立性和社会化。制度化仪式的结构性、规范性、程序性不仅仅改变了儿童的日常生活世界，也对儿童精神世界的塑造有着重要作用，是一个使儿童从被支配到自觉的过程。在此过程中，他们从外在的、僵硬的、结构化的身份认同，转变为变动的、内在的、可改变的身份。这一点我们从儿童非制度化日常生活中的行为方式、处世哲学和话语中，都能够感受到特定的制度化仪式在非制度化仪式中留下的痕迹。

二、非制度化仪式与制度化仪式的功能互补

功能替代是默顿从传统功能分析“不可或缺性假设”中所提出的一项重要原理，主要是从社会和结构的宏观角度进行定义。特定的社会结构与制度并非是神圣、不可侵犯的，它们随时可能会被实践同样功能的结构和制度所替代。功能替代就是指“履行某种功能的项目被另一个项目所取代，社会也仍然可以得到满足”[①]。因此，就功能与结构而言，两者之间并非是严格意义上的一一对应关系，不同的社会结构可以用来履行和实践特定的功能，以维持社会系统的功能性需要。也就是说，功能替代可以视为一种实现社会结构与功能之间协调性对应的机制。我们可以运用默顿的“功能替代”理论对制度化仪式和非制度化仪式间的关系进行进一步的分析，它们两者并非对立，非制度化仪式对制度化仪式的功能只是一种部分代替，而非整体替代或取代，如何寻求两者之间的功能互补是学校考虑如何更好地发挥仪式对儿童成人过程的重要因素。

从发展历程来说，仪式一直是集体活动的表达形式，虽然现代社会依旧很重视仪式的功能，却又在否定或更新之前对仪式内涵与意义的理解。由于缺乏科学知识，前现代社会中仪式是用来应对未被认知的天灾人祸等神秘现象，仪式的集体活动不仅可以彰显群体的道德权威，巩固既有的权力关系，同时也为个体在遭遇危机时提供了心理寄托。然而，随着科技的发展，在现代社会中神秘事件被平常化、理性化、世俗化，个体主义的兴起也使得人们渐渐脱离了对群体的情感依附，加之社会流动、传统意识的淡化等因素，这些都使得仪式的表达方式更为个人化、日常化。正如莫斯

---

①［美］罗伯特·金·默顿：《论理论社会学》，何凡兴等译，华夏出版社 1990 年版，第 117 页。

提出的，“社会存在的自我更新主要依靠的不是断裂式的集体聚会，而是主体间可持续的日常交流”[①]。

个人化与日常化的仪式，存在于制度化生活之外，主要是指个体的创造性力量成为仪式的支柱，仪式的实现也越来越依靠个体以及初级小群体的力量。仪式几乎充满了人类的日常生活，从晨起到睡前的每个环节都可能有其踪迹，这些仪式或仪式化行为的价值与意义在于，它们能够让人们更好地认知自我，在生活中建立起秩序和规律，使得个体能够产生平静感、归属感和放松感[②]。正如贝克在《自己的上帝》中所提出的，“争取‘自己的生活’以及‘自己的房间’设计的不只是对日常生活的空间组织，它关乎控制与颠覆，以及对内在与外在限制的摆脱”[③]。这些个人化与日常化的仪式都归属于非制度化仪式的范畴，它作为儿童自我主动创造的一种文化体系，使得他们在其中能够找到自我的定位，在结构中不至于迷失自我。辛格霍夫认为，在某种程度上这种小型仪式能实现对社会秩序的建构和共同体的归属，尤其是能传递一种情感上的安全感和可靠性[④]。本书中花花试图超越现实的时空情境，通过日记这种日常仪式，在制度之外寻找个人的意义世界，优化自己的生存状态，能够在自由与秩序之间达到一种平衡。

在制度化仪式的前台，儿童“学生”的角色不断被强化，真实的个体

---

① 汲喆：《礼物交换作为宗教生活的基本形式》，《社会学研究》2009 年第 3 期，第 6 页。

② [德] 洛蕾利斯·辛格霍夫：《我们为什么需要仪式：心灵的意义、力量与支持》，刘永强译，中国人民大学出版社 2009 年版。

③ [德] 乌尔利希·贝克：《自己的上帝》，李荣荣译，上海译文出版社 2016 年版，第 13 页。

④ [德] 洛蕾利斯·辛格霍夫：《我们为什么需要仪式：心灵的意义、力量与支持》，刘永强译，中国人民大学出版社 2009 年版。

不断被驱逐。然而，个体自我认同感的获得，需要结合非制度化的仪式，在此过程中不断发现、突破自我。辛格霍夫注意到了非制度化仪式的重要性，同时他的看法也是值得进一步思考的。非制度化的仪式主要是以个体为中心的，能够为个体提供强有力的心灵支撑，但是它对构建社会秩序和共同体的作用还是有限的。以学校为主体的制度化仪式，严肃而规范，是按照制度化组织前台演出的固定程序一步步展开的，是典范的制度控制个人的“正剧大戏”。然而，以儿童为主体的非制度化仪式，个人完全处于非制度化情境中，由自主、自律的精神主导个体情感，他们不再是戴着面具的“自我”。对比看来，制度化仪式中“公我”的出场与非制度化仪式中“私我”的宣泄，制度塑造的社会形象与非制度化仪式中呈现的不加掩饰的自我形象，制度化仪式中成人的规训与非制度化仪式中对规则的消解，秩序的教导与非制度化的表演……它们在儿童的学校生活中进行着真实的对话。

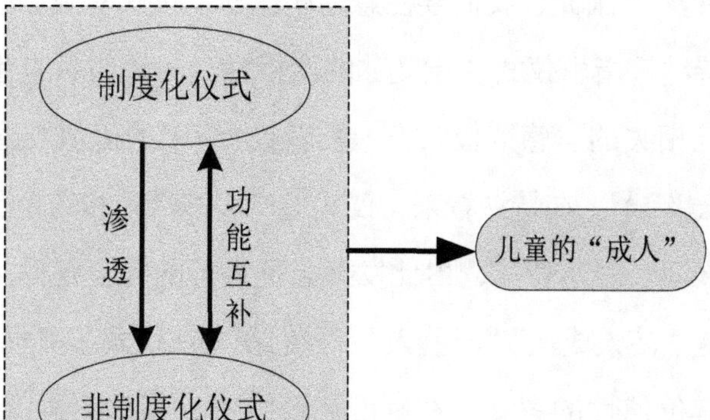

图 4-3　制度化与非制度化仪式间的相互关系

制度化仪式体现出的权力能够操纵儿童事功层面的业绩评定，但是儿童在内在意义生活中却可以疏远制度，个人的语言、喜好和品位不被制度所侵蚀。在制度化仪式中，唱主角的是制度化组织，期望和要求后是纪律与规范；在非制度化仪式中，由儿童自己唱主角，体现出个体的主体性和能动性。一方面，制度化仪式具有规范性、程序性、制度性，学校以此促使身处其中的儿童能够顺从和认同学校的传统、纪律、文化等，自觉与学校传统产生交互作用；另一方面，制度化仪式还具有表演性、象征性，学校以此来使得儿童能够通过内心情感体验来感悟学校文化的精神，达成共识性的价值观，自觉引导自身的精神性发展。总之，学校的制度化仪式与非制度化仪式各负其责，却又紧密相联。制度化仪式是学校制度生活内的行为，非制度化仪式是学校制度生活之外的行为；制度化仪式重在构建学校秩序，非制度化仪式重在构建儿童个体内心秩序；制度化仪式重在儿童群体性的培养，非制度化仪式重在主体性的凸显。因此，具有个人化、日常化特征的非制度化仪式，无法完全替代制度化仪式的功能，这是不可否认的。

“一个仪式，就是一个充满意义的世界，一个用感性手段作为意义符号的象征体系。”[①] 因此，我们要注意理解蕴含在仪式实践中的心态动机和价值观念。特纳曾指出仪式“意义”的两极性，一是与具有生理和自然特点的情感体验相关的“感情极”，一是与社会组织的价值观念和道德规范相联的“理念极”[②]。在特纳看来，仪式通过表演活动和场景、实物以隐喻的形式进行展演、表达意义，由此发挥象征符号的社会整体功能。教育的根本所在就是“使人成人”“成就人”，我们在关注仪式工具性意义的同时，绝不可忽视其价值性的意义。在制度化仪式中，儿童不再以个人的身份，而是作为大到中华儿女，小到可见的学校、班级整体中的一员出现，这些抽象的名词以种种制度化的规范排斥着学生的个体性。在这种制度化的仪

① 薛艺兵：《对仪式现象的人类学解释（上）》，《广西民族研究》2003 年第 2 期，第 26—33 页。

② [英] 特纳：《象征之林——恩登布人仪式散论》，赵玉燕、欧阳敏、徐洪峰译，商务印书馆 2006 年版。

式场景中，儿童体验到的是外在社会对个体的一种规范。非制度化仪式中出场的儿童是真实的个人，与在场人之间有着直接的、亲近的联系，个体能够体验到真实自我的存在。

学校是一个“小社会”，它是儿童融入群体、展开人际互动的主要场所。“非社会化”的个体是脱离社会生活、只追求一己之私的个人，而社会中普遍存在的个体都是“社会人”，其行为必须受到道德规范的引导，所有的语言、思想、世界观、理性、道德、理想等文化现象，都和社会脱离不了关系[①]。儿童作为“社会人”，在与他者的“际遇”中，开始明确自我和他者、自我和群体的关系；在集体的互动沟通中，了解人的本质，学会如何与他者相处、如何与自己相处。同时，在此过程中，儿童将自我与群体的过去、当前和未来联系在一起，积极主动地与群体成员达成一致的认知方式，从而产生深刻的群体归属感。总而言之，制度化仪式的规范性和社会性功能对非制度化仪式中个体的道德体验、自我价值的提升发挥着重要的影响，与此同时，儿童在非制度化仪式中获得的愉悦感会进一步激发其对制度化仪式的认识和积极参与，两者互相联系、互相影响，共同促进仪式教育“使人成人”“成就人”的功能。

---

① 谭光鼎、王丽云编：《教育社会学：人物与思想》，华东师范大学出版社 2008 年版，第 38 页。

第五章

实现个体与社会的共同建构

“成人之道”是一个动态的理念，人生过程就是环绕于不断“完善自我”而展开的，是一个不断完善的过程。人之为人，不仅要在生理上成熟，也要在思想上、人格上成长，是个体社会化和自我实现的过程。具体到学校中的儿童个体，所谓的“成人”是有一系列在学校内外所具备的权利与义务，以及对自我价值的理解，也就是既包括自我的纵向深化过程，也包括自我的横向扩展过程。儿童在学校的各种制度化与非制度化仪式的结构中成长，通过自己的经验世界和成人的经验世界进行对话，有冲突有融合，从而不断推动自己的内在结构而前进。作为社会结构中的个体，儿童无论在制度化仪式还是非制度化仪式中都需要遵循不同的行为伦理规范，进行不同的自我调整，个体的主体性与能动性如何体现，主要表现在哪几个方面？同时，仪式中个体与社会的关系如何平衡，将成为此章的重点探讨问题。

第一节　纵向深化：自我内省

学校制度化仪式提供给儿童一种“仪式情境”，仪式的结构化形成了儿童仪式体验的框架。在仪式中，学校运用具有象征含义的符号、程序和形式营造各种特殊的感情氛围，赋予事情或事物以神圣、庄严之感，潜移默化地传递社会的价值观念、情感态度、道德符码等，以唤起儿童内在的神性，使其自身能与神圣伟大的事物相连；儿童则借助自身的观察、参与，体验现场气氛、操练身体行为、实现情感共鸣，从而获得不同的情感体验，扩展其对自我的认知和理解。“在仪式的神圣空间，我们有一种象征体验，这些象征体验使我们有深层的感受，在与未知力量的交流中，引导我们进入精神的层面。”[①]另外，学校制度化仪式过程往往伴随着仪式展演，要求儿童了解它所扮演角色的思想和情感，这既是对生活世界的模仿，又让儿童从虚构的世界中感受真正的真实，扩展儿童的内心世界、丰富儿童的想象，同时将仪式包含的生命态度和生命智慧传递给儿童。然而，制度化仪式中“我”的主体性有时是被忽视的，“我”只是一个集体性的归属，当个体作为集体存在时，很容易失去个体理性。那么，如何让儿童作为一个个体的“我”而存在，并能够得以表达呢？

马克思、恩格斯指出，作为“现实的人，你就有规定，就有使命，就有任务”[②]。人们大多生活在由他们自己编织的、创造的意义之网中。其中，意义是由人们利用、由人们规定的，同时，意义也规约着人们。也就是说，仪式除了建构秩序之外，还存在自我成长的维度、存在一种精神，它赋予仪式以意义，让儿童的行为不再是一种受到仪式影响的外在存在；儿童个体在仪式中能够展开真正的生活、体验真实的自我，儿童的精神能够得以生动表达并获得它最大的灵性。在制度化仪式中，由于对仪式育人理念、教育价值理性的忽视，就导致仪式活动仅仅成为了那种“你”

① 纪德奎、蒙继元：《学校仪式在乡土文化教育中的价值及实现路径》，《当代教育科学》2017 年第 7 期，第 34 页。

② 马克思、恩格斯：《马克思恩格斯全集》（第 3 卷），人民出版社 1960 年版，第 329 页。

对“我”的活动，而不是我对自我的精神活动；就使得个体不再将此认为是主体自我发动、自我实践的享受性活动，而认为其是一种外在于自我的负担[①]。然而，非制度化仪式中的日常仪式类型就为我们营造了一个自我内省，能够开展文化批评的“对话”空间，因此我们或许可以从日常仪式的自我凝视、自我对话、自我反思中找到突破口。正如希蕾桑在日记中写道：“祈祷时，我从不为自己祈祷，而总是为他人祈祷，或者我就是与我的内在最深处——为简单起见我称之为上帝——进行或疯狂，或天真，或严肃的对话。”[②]当我们想为生命赋予意义、支持和力量时，日常仪式能够为我们构建一种特殊的空间，以此将日常生活中的规范和限制隔离开来，让我们能够开始缓慢、安宁下来去寻根反思，认识自己的内心世界。儿童对自身的超越，每一次都带着儿童对自我存在状态的有意识的反思，企图优化自我生存状态的愿望。在这个意义上的自我，就个人的成长而言，经历了一种道德的转变，这是一种内化的认知并不断转化成为自我的经验，通过经验学会把自我不仅作为身体，也作为思想、灵魂、精神来理解。“一个少年，只有当他学会了不仅仔细地研究周围世界，而且仔细地研究自己本身的时候；只有当他不仅努力认识周围的事物和现象，而且努力认识自己的内心世界的时候；只有当他的精神力量用来使自己变得更好、更完善的时候，他才能成为一个真正的人。”[③]

感受与体验被认为是最能表达个体生命存在的基本形式。制度化仪式侧重于儿童的道德情感体验，而非制度化的日常仪式则更为关注儿童个体

---

① 王定功：《生命价值论》，教育科学出版社 2013 年版，第 90 页。

② [德]乌尔利希·贝克：《自己的上帝》，李荣荣译，上海译文出版社 2016 年版，第 4 页。

③ [苏]B.A. 苏霍姆林斯基：《给教师的建议》，杜殿坤编译，教育科学出版社 1984 年版，第 338 页。

化的自我内省，使儿童个体意识到自身存在的独特性与价值性，并以此为基础感受其与他人、社会、自然之间非工具和非机械的联系，倡导一种共融共通的关系，在这种氛围中儿童个体得以生长、养成。儿童的成人过程绝不是静态而被动的自我控制，而是一个动态而积极的修身过程。针对儒家的人性论问题，韦伯曾评价说："个人敬事上天最佳的方法便是去发展自己的真实本性，因为如此一来，每个人内在的善性无疑地便会涌现。因此，所有一切皆是个教育的问题，而教育的目的即在使人自其天然禀赋中开展自我。没有所谓根本的恶。"① 非制度化的日常仪式是儿童在学校生活中的憩息，处于日常仪式的空间内儿童可以感受、体验、尝试日常不能完成之物，让他们能够直视内心的景象和情感，开阔新的空间，接触自己的本性。也正是在这种日常仪式的互动中，儿童个体带着期盼真正浸入到情境中，在仪式的叙述和生命的倾听中净化其在学校仪式中的生命体验，实现学校仪式的生存世界与个体想象世界的融合，并保持这种纯洁无染的生命体验不被淹没在层层仪式结构的倒影之中。

因此，仪式不仅在社会行动中有了"意义"，让个体面向自己的心灵层面，转而对自我内在体验的关怀。同时，仪式也迫使"我"停下来，让个体在情景中通过情感连带实现自我内化，投身于自我的世界，反思当下，理解真实的自我，让儿童在认识自我与完善自我的基础上实现成长，就如花花的日记一般。儿童在仪式中凝视自我，与自我对话，引发自身"善端"的自然生长，并在漫长的、持续的自我修养中不断培养真诚的自发性与道德责任感。

---

①［德］马克斯·韦伯：《宗教与世界》，康乐、简惠美译，广西师范大学出版社2004年版，第221页。

第二节　横向扩展：人际性自我

假如说仪式最后仅仅变成了一种用于制约儿童行为的规范，变成一种外在于儿童主体的强制活动，那么儿童从中除感受到强制压迫之外，不可能会获得主体价值上的自由体验。在制度化仪式中，师生的不对等关系显而易见，从社会性的范畴来看，教师起着主导和支配的作用，个体的情感被忽略。但若是将视角仅仅局限于社会学的层面，就难以化解仪式的结构化与儿童主体性之间的矛盾，仪式仅仅只能成为一种学校试图将儿童塑造为“听话身体”的工具，从而忽视了仪式对儿童的价值性。当然，儿童的主体性固然重要，但若仅仅只是抽象而空洞的“个体自由”，这样的生命难道是有价值的吗？其实，当儿童在仪式中恪守学校生活的规范、遵循同伴间的人际准则时，人的价值也就实现了，儿童在仪式互动中获得的体验就是其对自身价值的体验。生命的意义和价值也正是个体在增加主体性和展开对自身生命体认的过程中生产和发展的。涂尔干在谈到道德教育时，也曾提出“纪律经常被人们当作是对人的自然本性的侵害，因为它阻止着人们不受限制的发展，这样的看法有道理吗？恰恰相反，倘若一个人没有能力将自身限制在明确的限度内，那么这就是一种疾病的征兆……正是因为有了道德规范中的这种权威，道德规范才成为了真正的力，当我们的欲望和需求，我们的各种欲求变得过度时，这些力就会形成对抗作用”[①]。因此，我们在看到仪式社会性的同时，也不能忽视其对主体价值性的意义。

我们每个人并非孤立地生于世间，而是处在一个人际性的日常生活世界中，“日常生活世界”是社会行动主体之间交往和相互理解的前提。当个人与他人共同存在的时候，就不可避免地要和他人发生关系。人的发展

① [法] 爱弥儿·涂尔干：《道德教育》，陈光金等译，上海人民出版社 2001 年版。

就是在自身主体性的基础上与他者“对话”“交往”的交融，其目的在于使人存在并超越存在以获得意义感。在自我发展的历程中，人际关系是其中的有机组成部分。“我”作为圆心并不能独自进行转化，只有在他人的参与和互动中自我转化才能得以实现。因此，个体要想真正体现出日常存在的终极意义，就必须重视与他人间的人际关系，在现实的实践活动中、在真实的社会关系中去思考个体。因为此时的个体，是处在一定条件下进行活动的具体的、活生生的人，是能够在经验中被观察到的“现实的人”。与西方社会学语境下“自我”的内涵并不相同，中国文化中的“自我”是在不同伦理关系中产生出来的①，形成“人际性自我”。所谓“人际性自我”，主要是指自我并非独立存在的，“我”始终处在各种复杂的、多变的关系网络中，处在不同的交流沟通的节点上。假如说每个人都仅仅停留在自己的小的精神世界里，那么就无法形成更大的互为主体性。这充分表明，如果脱离了他者、脱离了对方，“我”也是无法存在的，在“我”的概念框架中包含了诸多社会关系②，“我”本身就属于人际性概念。“自我”的人际性，主要是在伦理范畴上来分析相互的依存性，例如学生和老师都是不能脱离对方而存在的人际性概念。若是离开了相互间的人际关系，

① 关于“我是谁”这个问题，李泽厚通过对比中西文化之间的差异后认为，西方人的“我”是作为“上帝的儿子”而实现的，中国的“我”则是在“细密复杂的人世的伦常关系的网络中”实现的。“我是父之子，子之父，弟之兄，妇之夫……人的存在和人的本质就在这网络之中，人只是关系，人的‘自己’不见了，个性、人格、自由被关系、‘集体’、伦常所淹没而消失。人被规定在这种‘社会关系的总和’中。他（她）的思想、情感、行为、活动都必须符合这‘社会关系的总和’的存在或本质。于是，父有‘为父之道’，子有‘为子之道’，此即‘道在伦常日用之中’。”——摘自：李泽厚：《中国现代思想史论》，天津社会科学院出版社2004年版，第316页。

② 桂华：《礼与生命价值——家庭生活的道德、宗教与法律》，商务印书馆2014年版，第158页。

“我”就会变成孤立的、原子式的存在，成为无道德和社会属性的生物。当然，“我”所处的关系结构并不是静态不变的，而是随着个体的实践活动不断发生变化。总之，儿童想突破“一己”之“自围”状态，就必须在人际关系中实现“自我”。

在中国的文化情境中，自我是各种关系的中心，但是它不是一个在结构上静止不动的中心，而是一个能与其他的自我进行交流的、能动的中心，人际性就是在这种主体与外部的互动中产生。学校仪式充分展现了儿童在真实人际关系中的存在状态，鲜明地呈现出个体在社会网络中的结构性位置、权利、义务，是儿童校园生活的微缩再现，是儿童真实互动的微观展现，同时也是我们理解学校文化的重要窗口。无论是学校的制度化仪式还是非制度化仪式，儿童都是以身体“在场”的方式参与其中，“在场既是一种状态，也是一种关系……一种交往性的、主体间性的实在关系”[①]，通过相互间身体的聚集打破空间的阻隔，从而实现情感的汇聚、共享和交流，达到主体间性的状态，不断地构建人际性自我。具体来说，主要体现在以下两方面：

身份认同。要对儿童走出自我世界迈向他人世界进行分析，研究视角就必须放在关系中的个体。当通过仪式来看个体间的互动交往问题时，“交往”在学校生活中便有了新的地位和意义。作为不同身份的集合体，儿童在不同的仪式情境中需要扮演不同的角色，呈现出不同的自我内涵。仪式能够构建出社会，儿童在重复性的仪式过程中能够养成秩序、规则意识，并将这些秩序和规则内化。当然，在此过程中，儿童并非仅仅需要对简单动作或语言进行操演，而且还需要深入理解仪式中象征符号的深层意

① 王举、朱美霞：《从“教育在场”到“教育学立场”——另一种视野看教育学立场问题》，《湖南师范大学教育科学学报》2016年第2期，第11—17页。

涵，表现出教师、学校和社会期待的行为。其实，仪式操演的过程本身就是理解的过程，通过深入理解角色来理解自我、理解他人、理解自我与他人的关系，最终达到对人本身的理解[①]。从更宏观的角度来说，仪式让儿童产生新的社会地位或身份，进入新的生命状态，成为新的“社会个体”。同时，儿童会带着来自从仪式中体验的情感能量去行动，尊重群体符号、维护群体正义，当然也会对某些相悖于仪式价值的行动进行干涉。例如，儿童参加入队仪式则标志着他获得了少先队员的身份，并以此身份的要求来规范自己的言行，这种角色的转换促进了儿童社会化，塑造其成为“社会人”。无论是在制度化仪式还是在非制度化仪式中，儿童都开始学习如何定位和塑造自己的角色，如何恰当地开展行为实践，如何正确地表达个体情感，从而完善自己的成长过程。总之，角色塑造了自我，同时也成就了自我。

伙伴文化。仪式具有象征性、表演性和程序性，儿童在仪式尤其是日常仪式中，与其他儿童一起有目的地行动，他们在仪式中沟通和交往，充分发挥主观能动性，扮演不同的角色、承担不同的义务，“伙伴文化”也随之形成。在仪式过程中，儿童清楚地分为“内”与“外”，面对同伴彼此之间的差异与分歧他们能够积极应对，学着如何回避或者化解矛盾，以便相互间能更好地相处。这也是儿童学习“一个社会的规范、道德、风俗、人与人之间的关系以及更加广泛意义上的社会文化”，学习各种“角色内涵和角色规范”的过程[②]。当情感被自我所体验的时候，它们在本质上总是发生在人际间的，因为情感体验是在与一个“他人”的互动中发生的。因此，仪式既存在包罗万象的可能，也存在排外的可能；在仪式或仪

① 李政涛：《表演：解读教育活动的新视角》，教育科学出版社 2006 年版，第 28 页。
② 风笑天：《社会的印记》，中国社会科学出版社 2012 年版，第 67 页。

式化的过程中，可能会产生强制性，从而导致束缚与压迫的存在。但当儿童相信仪式的作用、当儿童之间有情感传递时，仪式对儿童的塑造作用表现得最为明显，特别是当仪式设定了界限却又留给儿童充足的时空去进行天马行空的想象时。

仪式实践活动的结构化与程序化，无形中生成了一种秩序和规范，但也使得学校的文化和价值观念得以传递。学校内隐的道德教育在这些反复操演的仪式实践活动中约束着个体的道德行为，使得个体主动接受并自觉内化为自己的行为规范标准。另外，仪式表现为自我与他者互动的社会活动，要将仪式赋予生命互动的精神，就要看到“仁”的作用。儒家关于完善人性“仁”的追求，杜维明提出“仁的任务，不仅是从内部去主观主义地寻求人自身的个体性，它像依赖个人的自省察那样，也依赖于富有意义的群体探求”[①]。正如扬·阿斯曼所说，凝聚性结构在社会层面将人和他身边的人连接到一起，创造了人与人之间的信任。也因此，在学校的各种仪式类型中，儿童个体走出自我世界进入他人世界，他们不再是仅仅关注于“我”或“你”在某一方面的理解和体验，而是慢慢扩展为“我和你”之间关系的理解和体验，儿童个体成为关系中的“个体”。制度化与非制度化仪式在儿童从自然生命到社会生命的转化过程中，不仅提供了一个自我反思的自由空间，而且还使得儿童在人际间的沟通、互动中进入他人的世界，成为儿童成人、实现自我价值过程中的重要方式之一。

总之，在仪式中参与者共同关注的焦点是除了“自我”之外的他者的

---

① 赵新友、王四达：《“在人际关系中创造性转换的自我”何以可能？——评杜维明对儒家“哲学人类学”的“创造性阐释”》，《北京理工大学学报（社会科学版）》2008 年第 3 期。

观点、行为等一切社会的共同意义[①]。无论是制度化仪式还是非制度化仪式中的儿童，他们的个体行为必然会受到仪式结构性的束缚，这是仪式的特征；但是，作为行动主体的儿童一直试图在仪式中探寻“我是谁”，如何实现自我的主体价值。研究发现，作为仪式参与者的儿童，是负载生命的活生生的人，他们不仅能够在仪式展演中发挥建构性和能动性，而且在完成自身责任的同时也会积极与他者进行交流、对话、互动，从而实现个人超越式的发展。仪式的制度性和儿童主体的价值就是通过自我反思与自我人际性互动而沟通起来，这使得儿童个体“内在性”的日常经验与“超越性”的价值建立起联系。

在仪式过程中，儿童既存在于纵向内在主体性的深化过程中，又存在于横向外在人际性关系的拓展过程中，他们在这两种过程的相互作用下实现自我的价值。一方面，儿童个体唤醒自我的主体意识，在思考自我的过程中与自我对话，进行凝视自我的仪式性实践活动，积极构建自我生活的意义，也不断发展出某种实践智慧；另一方面，儿童进入其他主体的精神世界，不断与他人进行对话，他者也以同样的方式进入儿童的世界，他们之间形成互惠共生的意义整体，个体凝成群、结成社会，实现自我的人际性。总而言之，个体的发展既要实现个体自身的价值，又要与他人、集体、社会交流互动，使之契合统一于“他者”。

因此，“我”可以看作是人际关系之中心的自我，以及作为精神发展之动态过程的自我。学校仪式作为个体生命存在的特殊时空场域，只有通过个体与个体之间平等的交流互动，才能够填满空间和时间的距离，才能够促进生命的成长和丰盈。儿童通过仪式在意义世界中有了自我的凝视与

① 刘伟兵、龙柏林：《仪式感如何生成——仪式发挥文化功能的运行机理研究》，《西南民族大学学报（人文社科版）》2020年第2期，第26—34页。

对话，在行动实践中有了人际性的沟通与互动，在主体性的反思与人际性的交往、理解中得以成长，个体和社会的辩证关系也在仪式中得以展现。更确切地说，儿童在仪式中感受到了外部关系与其内部世界的统一，当他们在仪式中处理人与人、人与自然、人与社会之间的关系时，便完成了对自我约束的引导、对自我价值的关怀、对自我创造的促进，从而有助于形成正当的、理想的、符合价值的行动，最终指向个体的完满和德性。

结 语

“仪式成为实践着的文化，行动着的文化”，它表现了生活的规则，被人与物的关系、人际关系所确认，具有道德内涵。学校仪式是一种具有特殊隐性教育功能的方式，只有准确把握其内在机理、运行逻辑，才能充分发挥学校仪式在儿童成人过程中的作用。因此，本书从仪式入手，将学校场景中的制度化仪式与非制度化仪式作为研究的两个支撑点，把儿童个体放在结构化的仪式和社会脉络中进行分析，追问“个体何以可能”的问题，探究儿童个体在既有的仪式架构中可能得到的机会与所受的限制，以及儿童的主体性与能动性如何彰显，并通过对仪式中儿童行动实践与情感体验的分析，来认识儿童与社会、仪式规范性与主体价值之间的关系。总之，仪式中的自我内省与人际性自我的相互作用，使得儿童的社会性和个体性得以融合、共建，使得儿童能够不断地在仪式过程中“成人”。本书的主要结论在于：

第一，在学校场景中，儿童不断转换和调整于以培养社会性为主的制度化仪式和体现个体性的非制度化仪式之间。非制度化仪式中，儿童作为个体的“我”受到集体的“我”的压制，个体的真实情感也受制于集体情感。不过，非制度化仪式成为儿童主体呈现的平台和机会，这是对制度化仪式强制性和社会性的挑战和突破。在周期性的反结构仪式中，儿童主体得以凸显，但是时间是短暂的，很快他们就被淹没在集体的潮流中。然而，日常性的日常仪式则是儿童主体持续呈现的机会，构建了个体的意义世界以及群体的互动空间。

第二，以学校为主体的制度化仪式与以儿童为主体的非制度化仪式间存在差异，但是两者并非对立关系，制度化仪式的秩序与规范会渗透进非制度化仪式的运行之中，非制度化仪式的功能也会对制度化仪式的功能进行补充。两者相辅相成，共同作用于儿童的成人过程。

第三，无论制度化仪式还是非制度化仪式，都具有仪式的程序性、结构性特征，最终都会导致仪式对儿童的规范作用，这种仪式产生的秩序感与儿童主体价值之间的冲突主要通过自我内省与自我人际性交往的相互作用得以沟通。一方面，儿童作为具有道德意义的“我”的存在，“我”既被仪式所规定和塑造，又是仪式的参与构建者，道德内在于人性之中并成为儿童提升主体价值的追求；另一方面，儿童作为“人际性自我”的存在必须依托于具体社会关系，通过社会伦理来实现自我价值。然而，结构并非外在于个体，从某种意义上来说，结构以记忆的方式内在于个体的实践活动中，而不像涂尔干所说的是外在的。儿童在仪式中恰恰依存于学校的人伦关系，教师与学生、儿童与儿童之间抽象的伦理理念转化为具体的学校制度、组织和日常行为规范、人际交往准则等社会对象，儿童主体的价值体验在这些具体的事物和行为中获得。在学校不同类型的仪式结构中，儿童通过儿童间的经验世界和与成人的经验世界进行对话，不断推动自我内在的结构而前进。自我实现是现代个人对生命的期待，当过于追求本真性的个人拒绝了一切社会角色之后，就会失去了安身立命之所。所以，儿童主体除了要不断进行自我深化外，还需要扩展外在的人际关系，在创造性的交互中完成自我实现。

仪式是礼的一种展现方式，不仅表现在仪式中建构的制度和规范，儿童也在参与仪式的过程中反观自我，并走出自我，形成“人际性自我”，独立的个体通过仪式的纽带联系起来。同时，儿童在制度化仪式和非制度化仪式中积累着生活智慧、群体生存之道，并依托于身体这个载体进行道德人格的建构，实现自我价值。在此动态的、历时性的成人过程中，儿童不断深化对“我是谁”的认知，逐步强化对“我将成为谁”的理解，渐渐培育对“我该如何做”的自我教育能力。因此，为了更好地实现学校仪式的育人效果，学校应该在儿童寻找纪律与自由平衡的过程中提供平台和可能性，促使个体成为生命仪式的主动体验者，不断完善自己的“成人”过程。

参考文献

专著

［英］A.R. 拉德克利夫 – 布朗：《原始社会的结构与功能》，潘蛟等译，中央民族大学出版社 1999 年版。

［匈］阿格妮丝·赫勒：《日常生活》，衣俊卿译，重庆出版社 1990 年版。

［德］扬·阿斯曼：《文化记忆：早期高级文化中的文字、回忆和政治身份》，金寿福、黄晓晨译，北京大学出版社 2015 年版。

［美］爱利克·埃里克森：《游戏与理智——经验仪式化的各个阶段》，罗山译，世界图书出版公司 2017 年版。

［英］安东尼·吉登斯：《社会的构成》，李康、李猛译，生活·读书·新知三联书店 1998 年版。

［美］安德森：《想象的共同体：民族主义的起源与散布》，吴叡人译，上海人民出版社 2003 年版，第 17 页。

［苏］B.A. 苏霍姆林斯基：《给教师的建议》，杜殿坤编译，教育科学出版社 1984 年版。

［美］保罗·康纳顿：《社会如何记忆》，纳日碧力戈译，上海人民出版社 2000 年版。

程天君：《“接班人”的诞生：学校中的政治仪式考察》，南京师范大学出版社 2008 年版。

[美]大卫·科泽:《仪式、政治与权力》,王海洲译,江苏人民出版社2015年版。

杜维明:《杜维明文集:第3卷》,武汉出版社2002年版。

[法]阿诺尔德·范热内普:《过渡礼仪》,张举文译,商务印书馆2010年版。

费孝通:《乡土中国:生育制度》,北京大学出版社2014年版。

[美]赫伯特·芬格莱特:《孔子:即凡而圣》,彭国翔、张华译,江苏人民出版社2010年版。

风笑天:《社会的印记》,中国社会科学出版社2012年版。

[法]米歇尔·福柯:《规训与惩罚:监狱的诞生》,刘北成、杨远婴译,生活·读书·新知三联书店2003年版。

[英]弗雷泽:《金枝(上)》,徐育新、汪培基、张泽石译,新世界出版社2006年版。

桂华:《礼与生命价值——家庭生活的道德、宗教与法律》,商务印书馆2014年版。

郭于华编:《仪式与社会变迁》,社会科学文献出版社2000年版。

黄平、罗红光、许宝强:《当代西方社会学·人类学新词典》,吉林人民出版社2003年版。

[荷]J.胡伊青加:《人:游戏者——对文化中游戏因素的研究》,成穷译,贵州人民出版社2007年版。

金生鈜:《规训与教化》,教育科学出版社2004年版。

[美]威廉·A.科萨罗:《童年社会学》,程福财等译,上海社会科学院出版社2014年版。

[美]克利福德·格尔茨:《文化的解释》,纳日碧力戈译,上海人民出版社1999年版。

[美]兰德尔·柯林斯:《互动仪式链》,商务印书馆2009年版。

李安宅:《〈仪礼〉与〈礼记〉之社会学的研究》,上海人民出版社2005年版。

李荣荣:《美国的社会与个人：加州悠然城社会生活的民族志》，北京大学出版社2012年版。

李泽厚:《中国现代思想史论》，天津社会科学院出版社2004年版。

李政涛:《表演：解读教育活动的新视角》，教育科学出版社2006年版。

[英]里德伯斯编:《时间：剑桥年度主题讲座》，章邵增译，华夏出版社2006年版。

[英]埃德蒙·利奇:《文化与交流》，郭凡、邹和译，上海人民出版社2000年版。

林耀华:《金翼——中国家族制度的社会学研究》，庄孔韶、林余成译，生活·读书·新知三联书店1989年版。

刘云杉:《学校生活社会学》，南京师范大学出版社2001年版。

刘谦:《教育的社会文化土壤——基于美国费城安卓学校的教育人类学观察》，光明日报出版社2016年版。

罗红光:《不等价交换：围绕财富的劳动与消费》，浙江人民出版社2000年版。

罗红光:《人类学》，中国社会科学出版社2014年版。

[美]罗伯特·金·默顿:《论理论社会学》，何凡兴等译，华夏出版社1990年版。

[美]罗伯特·F.墨菲:《文化与社会人类学引论》，王卓君、吕遒基译，商务印书馆2004年版。

[德]洛蕾利斯·辛格霍夫:《我们为什么需要仪式：心灵的意义、力量与支持》，刘永强译，中国人民大学出版社2009年版。

[德]马克思、恩格斯:《马克思恩格斯全集》(第3卷)，人民出版社1960年版。

[法]马赛尔·莫斯:《论馈赠——传统社会的交换形式及其功能》,卢汇译,中央民族大学出版社2002年版。

[加]马克斯·范梅南:《生活体验研究——人文科学视野中的教育学》,宋广文译,教育科学出版社2003年版。

[意]马里奥·佩尔尼奥拉:《仪式思维》,吕捷译,商务印书馆2006年版。

[英]布罗尼斯拉夫·马林诺夫斯基:《西太平洋上的航海者》,张云江译,九州出版社2007年版。

[美]马歇尔·萨林斯:《石器时代经济学》,张经纬、郑少雄、张帆译,生活·读书·新知三联书店2009年版。

[罗马尼亚]米尔恰·伊利亚德:《神圣与世俗》,王建光译,华夏出版社2002年版。

彭兆荣:《人类学仪式的理论与实践》,民族出版社2007年版。

[法]皮埃尔·布尔迪厄:《言语意味着什么——语言交换的经济》,褚思真、刘晖译,商务印书馆2005年版。

[美]乔治·赫伯特·米德:《心灵、自我与社会》,赵月瑟译,上海译文出版社1992年版。

谭光鼎,王丽云编:《教育社会学:人物与思想》,华东师范大学出版社2008年版。

[英]维克多·特纳:《象征之林——恩登布人仪式散论》,赵玉燕、欧阳敏、徐洪峰译,商务印书馆2012年版。

[法]爱弥儿·涂尔干:《道德教育》,陈光金等译,上海人民出版社2001年版。

[法]爱弥儿·涂尔干:《宗教生活的基本形式》,渠东、汲喆译,商务印书馆2011年版。

王铭铭编:《西方人类学名著提要》,江西人民出版社2006年版。

王霄冰编：《仪式与信仰：当代文化人类学新视野》，民族出版社 2008 年版。

王海洲：《政治仪式——权力生产和再生产的政治文化分析》，江苏人民出版社 2016 年版。

王定功：《生命价值论》，教育科学出版社 2013 年版。

［德］马克斯・韦伯：《宗教与世界》，康乐、简惠美译，广西师范大学出版社 2004 年版。

［美］沃尔科特：《校长办公室的那个人：一项民族志研究》，杨海燕译，重庆大学出版社 2009 年版。

［德］乌尔利希・贝克：《自己的上帝》，李荣荣译，上海译文出版社 2016 年版。

吴康宁：《课堂教学社会学》，南京师范大学出版社 1999 年版。

吴晓蓉：《教育，在仪式中进行——摩梭人成年礼的教育人类学分析》，西南师范大学出版社 2003 年版。

《新时代公民道德建设实施纲要》，人民出版社 2019 年版。

杨志刚：《中国礼仪制度研究》，华东师范大学出版社 2001 年版。

［匈］伊芙特・皮洛：《世俗神话——电影的野性思维》，崔君衍译，中国电影出版社 2003 年版。

［美］伊万・伊利奇：《去学校化社会》，吴康宁译，中国轻工业出版社 2017 年版。

［荷］约翰・赫伊津哈：《游戏的人》，多人译，中国美术学院出版社 1997 年版。

庄孔韶：《教育人类学》，黑龙江教育出版社 1989 年版。

詹栋梁：《教育人类学》，五南图书出版公司 1986 年版。

Catherine Bell. *Ritual Theory, Ritual Practice*，Oxford & New York：Oxford University Press, 1992.

Peter McLaren. *Schooling as a Ritual Performance*，London：Routledge & Kegan Paul，1999.

Quantz R.A. & Connor T.O，*Rituals and Student Identity in Education：Ritual Critique for a New Pedagogy*，New York：Palgrave MacMillan，2011.

报刊文献

鲍婷：《小学阶段仪式教育研究》，陕西师范大学硕士学位论文，2013 年。

董树梅：《学校仪式及其教育价值的历史变迁》，《山西大学学报（哲学社会科学版）》2017 年第 6 期。

冯建军：《生命教育论纲》，《湖南师范大学教育科学学报》2004 年第 5 期。

高力克：《五四伦理革命与儒家德性传统》，《二十一世纪》1999 年 6 月号。

胡宝国：《仪式教育在高校思想政治教育中的运用》，《思想理论教育》2009 年第 9 期。

胡国勇：《日本学校仪式的教育史研究》，《华东师范大学学报（教育科学版）》2010 年第 3 期。

汲喆：《礼物交换作为宗教生活的基本形式》，《社会学研究》2009 年第 3 期。

纪德奎、蒙继元：《学校仪式在乡土文化教育中的价值及实现路径》，《当代教育科学》2017 年第 7 期。

［德］克里斯托弗·乌尔夫、赵雅量：《教育中的仪式：演示、模仿、跨文化》，《北京大学教育评论》2009 年第 2 期。

李红真：《学校常规活动仪式的文化解读》，《现代教育论丛》2008 年第 10 期。

李翠含：《民间儿童游戏跳皮筋的游戏仪式与文化表达》，北京体育大学硕士学位论文，2013 年。

李旭：《从解构到重构：视域融合中的儿童生活叙事研究》,《安徽师范大学学报（人文社会科学版）》2016 年第 6 期。

李平：《学校仪式教育的现实困境及变革之路》,《教学与管理》2019 年第 22 期。

李伟强、汤明、宋彩荣等：《群体认同与社会评价对消极群体情绪的影响》,《宁波大学学报（教育科学版）》2020 年第 1 期。

刘晓春：《民族志写作的革命——格尔兹〈深层的游戏：关于巴厘岛斗鸡的记述〉的意义》,《民族艺术》2006 年第 1 期。

刘伟兵、龙柏林：《仪式感如何生成——仪式发挥文化功能的运行机理研究》,《西南民族大学学报（人文社科版）》2020 年第 2 期。

刘晶：《论中国共产党入党宣誓仪式三重功能——以塑造宣誓者党员角色为视角》,《三峡大学学报（人文社会科学版）》2021 年第 4 期。

马佳：《人类学理论视域中的物质文化研究》,《广西民族研究》2013 年第 4 期。

缪学超：《幼儿园公共仪式的教育人类学研究》，湖南师范大学博士学位论文，2016 年。

缪学超：《学校仪式的文化记忆功能及实现路径》,《教育学报》2020 年第 2 期。

彭文斌、郭建勋：《人类学视野下的仪式分类》,《民族学刊》2011 年第 1 期。

平章起、刘爱玲、王贵菊：《学校仪典活动的德育功能研究》,《思想教育研究》2012 年第 4 期。

钱民辉：《论美国学校教育制度的实质》,《北京大学学报（哲学社会科学版）》2001 年第 2 期。

史宏杰：《社会学视角下小学课堂教学中的仪式研究》，南京师范大学硕士学位论文，2012 年。

史卉：《少先队仪式教育研究——以 T 中学为例》，华东师范大学硕士学位论文，2017 年。

宋萑:《学校升旗仪式的人种志研究》，华东师范大学硕士学位论文，2004 年。

汤小静、张新标:《论大学仪式的结构要素》,《高教探索》2018 年第 3 期。

王建民:《维克多・特纳与象征符号和仪式过程研究——写在〈象征之林〉中文版出版之际》,《中南民族大学学报（人文社会科学版）》2007 年第 2 期。

王海英:《构建象征的意义世界》,《当代教育科学》2007 年第 14 期。

王洁敏、尹茂盛:《试析仪式在高校思想政治教育中的作用》,《思想教育研究》2008 年第 6 期。

王晋:《教育仪式的社会学分析》,《教育理论与实践》2010 年第 10 期。

王举、朱美霞:《从“教育在场”到“教育学立场”——另一种视野看教育学立场问题》,《湖南师范大学教育科学学报》2016 年第 2 期。

王眉钧:《礼物研究与物的崛起》,《甘肃社会科学》2019 年第 5 期。

汪国华:《生活意义的再造：新生代农民工日常行为的仪式化研究》,《中国青年研究》2010 年第 4 期。

温龙飞:《户撒芒旦寨阿昌族的礼物流动探究》，云南民族大学硕士学位论文，2017 年。

吴艳红、J. David Knottnerus:《日常仪式化行为：以知青为例的研究》,《社会》2005 年第 6 期。

吴艳红、J.David Knottnerus:《日常仪式化行为的形成：从雷锋日记到知青日记》,《社会》2007 年第 1 期。

薛亚利:《价值的？工具的？——仪式的意义指向》,《民俗研究》2011 年第 3 期。

薛艺兵:《对仪式现象的人类学解释（上）》,《广西民族研究》2003 年第 2 期。

薛艺兵:《对仪式现象的人类学解释（下）》,《广西民族研究》2003 年第3期。

徐立峰:《学校仪式的异化及其价值的回归》,山东师范大学硕士学位论文,2012年。

杨宜音:《“自己人”:一项有关中国人关系分类的个案研究》,《本土心理学研究》2002年第16期。

杨立英:《现代公民道德教育的方法论思考》,《思想理论教育导刊》2004年第10期。

叶澜:《重建课堂教学价值观》,《教育研究》2002年第5期。

余清臣:《论课堂教学中的仪式》,《宁波大学学报(教育科学版)》2005年第6期。

余清臣:《学校文化的载体:仪式建设》,《教育科学研究》2005年第8期。

于鹏飞:《课堂教学仪式的社会学分析》,曲阜师范大学硕士学位论文,2004年。

袁颖:《中小学学校仪式的“形式化”倾向研究——基于学校德育的视角》,西南大学硕士学位论文,2012年。

曾令健:《纠纷解决仪式的象征之维——评维克多·特纳的〈象征之林〉》,《社会学研究》2008年第4期。

甄慧娜:《初中学校仪式育人功能研究》,河南大学硕士学位论文,2020年。

张新立:《教育人类学视野下的彝族儿童民间游戏研究》,西南大学博士学位论文,2006年。

张志坤:《仪式教育于儿童生命成长的人类学意涵》,《当代教育科学》2012年第18期。

张银霞:《教育场域中的权力——基于学校仪式活动的分析与启示》,《长江大学学报(社会科学版)》2014年第7期。

张力友:《79.8%受访者认为生活中仪式感重要》,《中国青年报》2016

年 12 月 13 日。

赵新友、王四达:《"在人际关系中创造性转换的自我"何以可能?——评杜维明对儒家"哲学人类学"的"创造性阐释"》,《北京理工大学学报(社会科学版)》2008 年第 3 期。

Alan, M.*The Ritual Experience: Pain and the Transformation of Consciousness in or Deals of Initiation*, Ethos, 1985(13).

Burt, Christopher D.B.*An Analysis of a Self~initiated Coping Behavior: Diary~keeping*, Child Study Journal, 1994(3).

Gusfield, J. R. & Michalowicz, J. *Secular symbolism: Studies of Ritual, Ceremony, and the Symbolic Order in Modern Life*, Annual Review of Sociology, 1984(10).

Henry, M. E. *School rituals as educational contexts: symbolizing the world, others, and self in Waldorf and college prep schools*, Qualitative Studies in Education, 1992(4).

Park Jong-Bae. *School rituals and their educational significance in the Joseon period—Rituals as one of the pedagogical pillars of Confucian school education*, Educational Philosophy and Theory, 2019(9).

Maloney, C.*The Role of Ritual in Preschool Settings,* Early Childhood Education Journal, 2000(3).

Quantz R.A. & Magolda P.M. *Nonrational Classroom Performance:Ritual as an Aspect of Action*, The Urban Review, 1997(4).

Scully, P. & Howell J. *Using Rituals and Traditions to Create Classroom Community for Children, Teachers, and Parents*, Early Childhood Education Journal, vol.36.

Tetreault, M.A. & Klelne~Ⅲ. R. E. *Ritual, Ritualized Behavior and Habit:Refinements and Extensions of the Consumption Ritual Construct*, Advances in Consumer Research, 1990(17).

致谢

行文至此，窗外火车鸣笛，月光初上，自习室内学生奋笔疾书，我的思绪亦开始回溯。

何其有幸，能够进入人类学这一领域学习。“人类学是最接地气的一门学科”，感谢张继莲老师的引荐为我打开了一扇新的大门。怀着一份对理解他人、理解社会的期待，一份对理解自我的向往，我在导师罗红光教授的门下开启了一段美妙的人类学之旅。人类学学科具有包容多样、尊重差异的特点，以及关注个体、文化的态度，这都让我对生活中的人、事、物多了一份关照、一份体贴、一份理解，也让我对自己多了一份内省、一份慎独。人生得以研习喜欢的学问，幸甚，幸甚！

何其有幸，能够师从罗红光教授。“学问学问，边学边问，光学不问，变成懒汉”，顺口溜似的学问之道，是导师经常教导我们的。每周一次的读书会中，思维的火花由此迸发，交流讨论使自己对问题的思考更深入、更全面。我从最初的学术小白到蹩脚的分享再到流畅自如地表达想法，都离不开导师的谆谆教诲、循循善诱，让“思想成为动词”的理念也会指引我未来的学术之路。随导师两次下田野的过程中，他对他者及地方文化的尊重，对作为学者要将学术还原给社会的强调，都让我将做一个“迈向人民的人类学家”作为自己的学术追求。导师严格却不失温情，从点点滴滴中教我们为人处世之道；严谨却不失潇洒，在学术之外教我们时时刻刻都要怀有对生活的热情。人生得遇明师，幸甚，幸甚！

何其有幸，能够遇到人生的挚友、知己。当我因论文毫无思路而沮丧之时，当我因情绪不安而失落之时，当我因不自信而放弃之时，是你们给予我无限的力量和心灵的支撑，是你们给予我重新出发的勇气和不怕跌倒的信心。人生有一二知己，幸甚，幸甚！

何其有幸，能够结识一群有学术情怀的同门兄长、姐妹们。在导师放任而不放纵的培养模式下，大家都尽情驰骋于各自感兴趣的领域，从虚拟网络到现实社会，从女性犯罪到女性生育，从扶贫到教育等等，不同研究领域的学人齐聚于罗门，切磋琢磨，进德修业，共享人类学带来的乐趣。人生有师友的提携，幸甚，幸甚！

感谢缘分，让我进入山西五台进行调研，佛国圣地的荣光也净化着我的内心；感谢郑校长及全校老师的接纳，让我得以在学校四处游荡，彼此全然的信任也推进着我的研究。更要感谢的是孩子们，你们那笑容灿烂的脸庞，那天真无邪的话语，那至诚至纯的吐露，都成为我研究的重要动力。感谢孩子们让我在你们的世界里占有一角清凉地，感谢孩子们将你们的小秘密与我分享，感谢孩子们对我无尽的包容，感谢孩子们对我的信任。是的，孩子们，你们来到成人的世界，并非只是为了接纳大人的主宰；你们自身拥有着无限的生命能量，顺己之性，尽情释放，创造属于你们自己的小天地吧！

感谢我的父母，宽爱严教，授之礼义，诲之敬诚，以承祖德，以传家风，无限的包容，一往的支持。成长的路上有家庭温馨的味道，学术的路上有家人无私的奉献，虽路漫漫却让我安心稳定地前行，“欲报之德，昊天罔极”。岁月无情催白首，儿女有意唤红颜，时光时光请慢些，我要带着爸妈看世界！

感谢自己，无助时依然面对，无奈时寻找希望，能够接纳自己的不完美，坦然地迎接生命中的每一次遇见，好的坏的，都是最美的相遇！在田野中，自己完成了学术的“成人礼”；在未来的社会生活中，也将跨越一个个障碍，让自己成为一个大写的“人”。